一生家国

——李光耀传奇

李克　郭江妮◎著

台海出版社

图书在版编目（CIP）数据

一生家国：李光耀传奇／李克，郭江妮著.—北京：台海出版社，2015.11

ISBN 978 - 7 - 5168 - 0650 - 0

Ⅰ.①—…　Ⅱ.①李…　②郭…　Ⅲ.①李光耀（1923 ~ 2015）—传记　Ⅳ.①K833.397 = 5

中国版本图书馆 CIP 数据核字（2015）第 286358 号

一生家国：李光耀传奇

著　　者：李　克　郭江妮

责任编辑：王　品

装帧设计：张子航　　　　　版式设计：红　英

责任校对：陈　烨　　　　　责任印制：蔡　旭

出版发行：台海出版社

地　　址：北京市朝阳区劲松南路 1 号　　邮政编码：100021

电　　话：010 - 64041652（发行，邮购）

传　　真：010 - 84045799（总编室）

网　　址：http://www.taimeng.org.cn/thcbs/default.htm

E - mail：thcbs@126.com

经　　销：全国各地新华书店

印　　刷：河北信德印刷有限公司

本书如有破损、缺页、装订错误，请与本社联系调换

开　　本：710 mm×1000 mm　1/16

字　　数：211 千字　　　　　印　张：19.25

版　　次：2016 年 5 月第 1 版　　印　次：2024 年 1 月第 2 次印刷

书　　号：ISBN 978 - 7 - 5168 - 0650 - 0

定　　价：58.00 元

序　言

当地时间2015年3月23日凌晨3点18分，新加坡的国父、前总理李光耀在新加坡去世，享年91岁。东南亚的一代政坛领袖李光耀星光陨落，不但在新加坡国内，更在全球范围内掀起了一片追思与怀念。

由于其纯正的华人血统，李光耀是被中国人最为熟知的世界领袖之一。

上世纪二十年代初，李光耀出生于当时英国的殖民地新加坡。这个时期的英殖民地，呈现出一片繁荣祥和的景象，而新加坡在当时是东西方文明的一个交汇点，李光耀就生长在这样一个环境里。

早年李光耀的祖父辈，与当地的英国人合作共事、交往甚深，通过勤奋和务实积聚了相当的财富。李光耀可谓出身于当地华人的上流阶层。既受到中国传统家族式的熏染，又深谙和推崇英国式的文明。他从小时候开始就接受纯正的英式精英教育，后来更远游英伦三岛，就学于剑桥、牛津。李光耀本人有着最纯正的华人血纯，但中文不怎么样，却能讲最纯正的英式英语。他成长的年代，世界正发生着史无前例的大变革，是一个风雨骤变的世纪。科技飞速进步，世界的版图在改写，各个民族在世界范围内碰撞、争夺生存空间。

上世纪三十年代发生了席卷世界的经济大萧条，李光耀的家族一时间一落千丈。就在他步入大学的时候，空前惨烈的第二次世界大战爆发。1941 年底，日本人悍然入侵东南亚，大英帝国的军队一败涂地。在此期间，李光耀度过了刻苦用功读书的少年时代，又经历了三年严酷的日治时期，经历了一段艰困的生涯。这些都给李光耀的成长留下深深的烙印。

二战结束后，帝国的殖民地纷纷兴起民族独立潮。身为律师的李光耀作为当地的华人精英知识分子，焕发出政治热情，倾注心力为地区的发展谋前途，成为马来亚地区华人的领袖，更在以华人为人口主体的新加坡从马亚西亚独立出来之际，成为当之无愧的领导人。

与亚洲其他的新兴国家和地区相比，如"亚洲四小龙"中的韩国、中国的台湾地区都有过领袖高度集权之下经济腾飞的进程。但李光耀领导下的新加坡，其社会转型更为平稳，人民生活也比较安定。不得不说，李光耀身上很好地融合了东方式的智慧与英式文明，融合了高度理想化和极为务实的作风。

新加坡是一个崭新的国家，本身没有过多的历史包袱。它处于众多大国与其他不同民族国家的夹缝中，很早就接触和适应着不同国家、民族之间共存共处的世界秩序和规则。在摆脱英国殖民统治后长达 31 年的执政生涯中，李光耀领导新加坡纵横捭阖于大国之间，富于智慧地处置各种复杂的国际关系和国内的族群关系，使得这个以华裔为主体的国家得以存续和繁荣。这得自于其领导人的智慧，以及华人民众在骨子里的勤劳、奋争、坚韧的品质，这种品质一旦与东南亚这片土地相结合，就盛开出了艳丽的奇葩。

幸有李光耀，世界政坛多了一道绚丽的光彩。

时至今日，也有人戏称新加坡为"李家坡"，从而质疑"后李光耀时代"，新加坡的模式还能走多远。而这只能留待历史去印证。人们显而易见的是，李光耀之后，新加坡又经历了吴作栋、李显龙这两位领导人。从另一个方面说，稍加分析我们就可以看出，李光耀以及新加坡的成功绝非偶然。

一方面李光耀崇尚英式的精英民主政治，另一方面他又把这种精英文化与东方儒家教化式的治理方式结合起来，形成一种有法可循、有规可依的家长式领导。他领导的新加坡，政治清廉、人民生活富足，这在世界范围内是罕见的。

李光耀在国际政治事务里也极为活跃，他和他领导下的新加坡，其影响力远远超出一个区区几百万人口的城市国家所能带给世界的影响。

"世间从此无光耀"，他一生的事迹将值得人们深深回味。

目　录

第二篇　从殖民地居民到国父

第三篇　新加坡的"霸道"家长

第四篇 李光耀的国事家事

引子 华人的南洋

下南洋

在中国近代史上，为众人熟知的，有三次大的移民潮，分别是"闯关东"、"走西口"、"下南洋"。

关东，指吉林、辽宁、黑龙江三省，因位于山海关以东，故称。清朝以东北为"龙兴之地"，屡颁严令禁汉人出关，但流民屡屡冒险"闯关"。"闯关东"即由此而来。西口，指河北张家口以西的长城沿线关隘。流民走过西口，过了长城，就可以到达蒙古草原及河套一带谋求生计。这就是民间所说的"走西口"。

而"南洋"是明、清时期中国人对东南亚沿海一带的民间称谓，包括马来群岛、菲律宾群岛、印度尼西亚群岛，也包括中南半岛沿海、马来半岛等地。也可以说，"南洋"的地理概念涵盖了包括当今东盟十国在内的广大区域。

中国人下南洋的历史，可以追溯到秦汉时代，在唐宋时期，中国海商就已遍布东南亚沿海地区。但真正形成规模的移民活动主要集中在明朝到清末时期，下南洋的人以广东和福建地区为主，这两个省份占了绝大多数。这里的老百姓世代与海相习，是内陆老百姓不能相比的；从地理上来说，这两省距离东南亚地区较近，路近费用省。

在中国的明末清初，由于清军入关，击败明朝军队，导致大量的战争难民、抗清失败的明军余部、被清兵打散的农民军，以及不愿被清朝统治的旧明遗民，为了躲避战乱，纷纷逃亡出大陆，这就掀起了波澜壮阔的移民东南亚的高潮。再加之，当时福

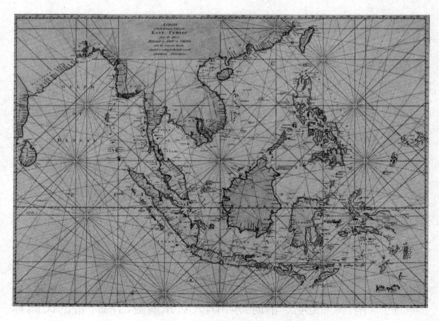

1748 年法国人绘制的东南亚航海图

建、广东一带人多地少，荒乱穷困，老百姓仅靠耕作生活难以维系生活，为了谋生，出去博一把，以图改变个人或家族的命运，这里的老百姓一批又一批、一次又一次地到南洋地区谋生。

这个时期，荷兰、西班牙、葡萄牙、英国等西方殖民者也已逐渐全面的涉足南洋地区，使这一地区正处于加速开发的过程中，对劳动力的需求量非常大。而下南洋的中国人成了当地经济开发的主力军。

在东南亚经济发展过程中，工矿业一直是非常重要的一个方面。在印尼加里曼丹，华人曾是当地金矿的唯一经营者，华人矿工人数最多时曾超过 9 万。19 世纪以前，马来西亚的锡矿也几乎全部是由华侨开发。现在当地许多被称作"锡湖"的大型锡矿区，都是华侨一锄头一锄头挖出来的。正是由于华侨的辛勤开采，马来西亚的锡产量在很长一段时间占到了世界锡总产量的一大半。

中国人特有的勤奋、忍耐、智慧，改变了当地经济落后的状况。

英国的海峡殖民地总督瑞天咸曾说，马来半岛的繁荣昌盛，"皆华侨所造成"。"马来诸邦之维持，专赖锡矿之税入……锡矿之工作者，首推华侨。彼等努力之结果，世界用锡之半额，皆由半岛供给。彼等之才能与劳力，造就今日之马来半岛。""马来政府及其人民，对于如此勤奋耐劳守法之华侨之谢意，非言语所可表达。"

华人在改变所在国的经济状况的同时，很多人也彻底改变了自己与家族的命运。在东南亚华人中，先后出现了数以百计的百万富豪、千万富豪，也惹得当时下南洋成了一种风潮。

兰芳共和国的传奇故事

一般人认为世界上最早建立的现代共和制国家，当推 1776 年建国的美利坚合众国。实际上，就在美国独立的同一时期，下南洋的华人曾在世界第三大岛——东南亚的加里曼丹岛西部建立了一个共和国，并携手当地土著居民抵抗西方殖民者的入侵长达 107 年，直到 19 世纪末才由于国小力弱被荷兰殖民者所吞并。

这个国家被后人称为"兰芳共和国"。

兰芳共和国（1777 年 ~ 1884 年），全称"兰芳大统制共和国"，它的前身，是华人在加里曼丹鸟上建立的一家贸易公司。1770 年，来自广东梅县的客家人罗芳伯在东南亚西婆罗洲（今加里曼丹西部）成立了"兰芳公司"，1777 年罗芳伯将"公司"改为"共和国"，成为"兰芳共和国"。

兰芳大统制共和国建立时，第一任总长是陈兰伯，第二任总长是罗芳伯，兰芳大统制名称取之于此。在最高峰时，兰芳共和国的势力范围占有整个加里曼丹岛。

罗芳伯的墓

罗芳伯，原名罗芳柏，罗芳伯是后人对他的尊称。生于乾隆三年（公元 1738 年）。乾隆三十七年（公元 1772 年），罗芳伯科举乡试不第，于是漂洋过海，来到当时的婆罗洲。后来他在这里建立了"兰芳会"——一个以保护华人社团为业的组织，和当地一些帮会势力做斗争。罗芳伯和他的伙伴，和当地人一起，协助当地苏丹首领平息了土著人的叛乱，得到了首领的嘉奖，苏丹首领便将当时的东万律划归罗芳伯管辖。罗芳伯便成立了巨大的经济实体——兰芳公司。

公司成立后，罗芳伯一个个收拾了当地四分五裂的各种华人团体、商会、村寨，消灭了所有对手。这时的兰芳公司已经摆脱了先前的帮会性质，以一个政治团体的面目出现。

公元 1777 年兰芳共和国以坤甸（东万律）为首都，建立国家，当年定为兰芳元年。国家元首称大唐总长或是大唐客长，意即华人作客海外的首长，以类似于民主选举和禅让的形式进行最高领导人的轮换，前后历任十二位总长。作为曾经的中华子民，罗芳伯在任时，曾多次向清政府上奏表示臣服。清庭一开始态度冷淡，后来慢慢转变，对罗芳伯表示嘉许。

后来，欧洲列强开始认识到清朝已经衰弱，无力再顾及境外的事，1884 年，荷兰开始入侵兰芳共和国。兰芳共和国持续进行了数年的抵抗，终因寡不敌众而失败，其残余势力逃至苏门答腊。

不过，在当时由于仍害怕清政府作出反应，荷兰并未公开宣称已占领兰芳地区，而是另立了一个傀儡以便进行统治。直到 1912 年清朝灭亡、中华民国成立后，荷兰才正式宣布对兰芳地区的占领。

兰芳共和国自立国至灭亡，共经历一百多年。

印尼前总统瓦希德曾这样评价罗芳伯："1787 年华盛顿当选首任总统、实现联邦的美利坚合众国，建立共和体制。然而，我们客属领袖罗芳伯于 1776 年就在世界第三大岛婆罗洲东万律创立'兰芳大总制'共和体制,比美国早 10 年。以此历史贡献而论,罗芳伯亦不亚于华盛顿。罗芳伯堪称与华盛顿并列的世界伟人之一。"

于 1785 年创刊并在英国伦敦出版的《泰晤士报》在 1793 年 6 月 8 日在一版头条地位报道了兰芳大总制共和国的建国:"兰芳大总制共和国元首即大唐总长罗芳伯的神奇贡献,贵在与当地婆罗洲苏丹有机联络在一起,协调各族民众,推行原始的雅典式的共和体制,经济亦有规模发展。国力虽后于西方诸国,其意义却不逊于 1787 年华盛顿当选为第一任总统、实现联邦的美利坚合众国的民主共和走向……"

兰芳共和国失败后,逃往苏门答腊的华人后来一直往西迁徙,并于马来西亚半岛定居。其中一位迁徙者的后人后来更成为了东南亚的著名政治领袖,他就是被誉为"新加坡国父"的新加坡总理李光耀。

罗芳伯在东南亚一带的影响深远,今天东万律还有以纪念罗芳伯为名的"兰芳公学"。在坤甸有一座纪念罗芳伯的纪念厅和墓园,在厅内挂着一副对联:

> 百战据河山,揭地掀天,想见当年气概;
> 三章遵约法,经文纬武,犹存故国冠仪。

每年的农历二月初九,罗芳伯诞辰日,还举行谒墓祭祀仪式。各种纪念罗芳伯的庙宇可以说遍布坤甸一带。

李光耀就曾将自己比作罗芳伯。

◆第一篇　在历史巨变中成长

新加坡自 1819 年开埠以来，与柔佛海峡对面的马来亚两地向来是由英国当作一个地区统治的。而李光耀早期就生活在英国殖民统治下的新马地区，其间经历了战争的惊变、日本人的暴酷统治、二战后共产党人反对英国人殖民者回归而引发的暴动、马来西亚地区的种族暴乱等，最终成长为一个政治领袖，引领了新加坡的独立。

而自 1965 年 8 月 9 日起，新加坡已不再是马来西亚的一个州，更不再是英国的殖民地，它将永远成为一个独立自主的国家，在李光耀等人的领导下，脚步蹒跚地走上了独立自强之路。

英国绅士般的祖父

1923 年 9 月 16 日，李光耀生于新加坡一座两层高的大浮脚楼里。这座浮脚楼属于李光耀的外祖父。

那一年，李光耀的母亲蔡认娘 16 岁，他的父亲李进坤 20 岁，都是纯正血统的华人后代。李光耀的祖父母和外祖父母在一年前给他们撮合了这桩婚事，两家人门当户对，可谓天作之合。

李光耀的家族历史可以从他客家人的曾祖父李沐文开始算起。

客家人发源于中原、华北和华中平原的汉族，大约在 700 年到 1000 年前迁往福建、广东和华南其他省份。李光耀的祖先由于南迁的时间比较晚，只能去土地比较贫瘠、当地人尚未开发的山丘地带生活。

李光耀的曾祖父诞生在广东省大埔县唐溪村，长大后，和当地很多年青人一样，搭乘帆船下南洋到新加坡一带讨生活，后来和这里的华人女子结婚生子。

到了 1882 年，他的曾祖父已经在南洋捞了一大桶金，叶落归根是中国人的固有观念。他决定回中国祖先世代生息的村子，给自己盖一座大宅院，从此在家乡做一个乡绅，了此余生。但曾祖母却不愿意去那个对她来说完全陌生的地方，带着孩子到他们的外公家躲起来。

李光耀的曾祖父只好自己回中国。后来他果然在家乡盖了一座大宅院，还捐了个小官。他怀念自己留在新加坡的妻与子，叫人给他画了一幅身着官服的肖像，寄到新加坡来。同时寄来的，还有一幅大宅院的画，画上是一幢传统的中国式建筑，屋顶是灰色瓦片，高庭广院、壮丽美观。

李光耀曾祖父也可算得上是那个年代千千万万怀揣梦想下南洋的中国人里的佼佼者。

李光耀的祖父李云龙 1871 年诞生于新加坡，稍长一点在当地的莱佛士书院念书，这相当于今天的初中。离开学校后，干过配药师，过了几年，改行到一艘轮船上担任事务长。这艘轮船来往于新加坡和当时的荷属东印度之间，属于协荣茂船务公司，它的老板，是华裔的百万富翁、当时人称"爪哇糖王"的黄仲涵。

在航海生涯中，1899年李光耀的祖父李云龙在中爪哇三宝垄同祖母邱念娘结婚，于1903年诞生下了李光耀的父亲。当时，那里属于荷属东印度。但是由于祖父来自英属的新加坡，李光耀的父亲便成为英籍的居民。李光耀的父亲出生不久，祖父便把他们母子带回新加坡，从此就没有离开这里。由于勤奋果断，公司老板黄仲涵异常信赖他的祖父，让他全权处理公司在新加坡的业务。

在李光耀的心里，对他的祖父仰慕远远超过对他的父亲。

青年时代的李光耀总是想：祖父是凭借自己的奋斗而获得了巨大财富和成功；他的父亲只不过是个坐享其成的"富二代"而已，没什么值得炫耀的。祖父很疼爱孩提时代的李光耀，也很纵容他。而李光耀的父亲则对他管教很严。

新加坡土生华人家庭的人物照

这大概也是李光耀和父亲有些疏远的原因。

上世纪 30 年代席卷世界的经济大萧条，对东南亚一带的贸易打击尤甚，不但使英国人的生意受损，也使李光耀祖父蒙受了巨大经济打击，从此家道中落。

因为曾在轮船上当事务长，同船长、大副等这些英国白人长期共事，李光耀的祖父受到了很大的影响，养成了西化的生活习惯方式。

祖父经常把他航海的经历讲给李光耀听。在海上航行的时候，不管热带多么湿热，船长和其他高级船员以及担任事务长的祖父，在吃晚餐的时候，都必须穿上衣纽紧扣的白色棉质斜纹外套，面前的餐桌上整整齐齐地摆着盘碟、刀叉和餐巾。

这些英籍高级船员给他的祖父留下了不可磨灭的印象：讲求秩序、实力和效率。在这种环境下熏陶出来的祖父，也同样把这个印象以及对英式文明的仰慕传递给了幼年的李光耀。

他的祖父对英国人印象之好，简直到了"英国人什么都好、什么都是最优秀"的地步。在给初生的李光耀起名字的时候，家人请了一个通达汉语的朋友来帮忙，他建议取名"光耀"，光宗耀祖之意，但是，祖父特意多加了一个英文名 Harry（哈里），这才满意。于是，李光耀的全名变成 Harry Lee Kuan Yew（哈里·李·光耀）。

祖父希望他的孙子们将来也具备英国人的特质。于是，李光耀的弟弟李金耀和李天耀也分别取了基督教的教名，前者叫 Dennis（丹尼斯），后者叫 Freddy（弗雷迪）。而在那个时代，非基督徒的华人一般是不会取什么教名的。直到李光耀上学读书，总觉得自己的名字有点怪怪的，中洋掺半，不伦不类。多年后，他还是把自己的名字简化为"李光耀"。

在一张保留下来的装在银色相框里的照片上，他的祖父仪态端正，穿着完全像一个英国绅士——老式领带、硬领，穿条纹长裤，鞋子上附有鞋罩。

在生活上，祖父也是个讲究吃喝的人。同他一起用餐简直是一种享受。祖母善于烹调，烧得一手好菜。她把牛扒炸成褐色，仍保持鲜美多汁，再调以刚磨碎的豆蔻，伴着炸成金黄色但不油腻的薯条一起吃，这是典型的西式吃法。

祖父给李光耀的印象是：既是一个奋斗成功的人，又是一个懂得享受人生的人。

虽然祖父在经济大萧条中失几乎去了全部的财富，生活和衣着上不能像以往那样保持时髦的作风，但还保留了一些过去留下来的财物：一些美观坚固的家具，是从英国进口的；还有一些精美橱柜，可供摆放艺术品；一些小橱和衣橱，橱门还刻上代表他姓名的英文字母 LYL。这些物件，李光耀甚至保留下来传到了他的孩子。

李光耀的外祖父蔡金鼎正好与之形成鲜明的对照，他是那一代南洋的华人里另一类靠个人奋斗成功的典型。他没有受过正规英文教育，也没同新加坡的英籍船长或华人糖王之类的人物打过交道。他出身低微，诞生在一个来自马六甲的福建人家庭里。经过一番刻苦奋斗，省吃俭用，把钱储蓄起来之后，他看准时机投资树胶和房地产而得以致富。

当李光耀的祖父因为三十年代经济大萧条而备受打击的时候，他的外祖父却颇具生意头脑，虽然也蒙受了些损失，但不像他的祖父那样一败涂地。

李光耀的母亲在 1922 年 15 岁结婚时，两家的财力还算不错，她甚至有个小丫环陪嫁，作为嫁妆的一部分。这个丫环的工作，包括服侍女主人洗澡洗脚，同时给女主人穿鞋脱鞋。

但等到李光耀四五岁，开始懂事的时候，所有这些有钱人的象征，已经消失得无影无踪了。李光耀的童年旧照替他保留了那时的美好回忆——他穿着从英国进口的过度讲究的西式童装，或坐在价钱不菲的童车里。

由于祖父家的败落，李光耀和他的父母住在外祖父家里，小时候的李光耀有一段时间不肯用功读书，让他的父母很担忧，于是，母亲交给他一个舅父一项任务——每天监督李光耀准备隔天的功课。这真是一个热闹、不乏天伦之乐的大家庭。

大家和和睦睦地住在一起。虽然有时也免不了会发生一些小摩擦，也不外乎是由孙儿们的顽皮和吵架引起的。就在这样的环境中，李光耀同三个弟弟、一个妹妹和七个表弟妹一起长大。

童年的乐趣

小的时候，由于弟妹们的年纪比李光耀小，李光耀便常去找邻近村庄的华人渔民和马来人的小孩一起玩游戏。

这个村子就在外祖父家不远的一条小巷，是二三十间用树叶和锌板做屋顶的木屋。平日，村里的渔民在近海捕鱼，捕了一天后，渔民们把渔网挂在李光耀家后面的空地上晒干，然后，用一种树汁把渔网染成深色。

李光耀整天忙着和他的小伙伴们一起玩捉蜘蛛，也捉褐色的身体光滑的"叩头虫"，把它放在火柴盒上按它的背时，它便会磕头似地敲响火柴盒，发出"突突"的声音。小伙伴们比赛看谁的"叩头虫"发出的"突突"声最大。

有时李光耀和小伙伴们斗"打架鱼"。他们用一种筑路工人用来搬运泥土的柳条编制的畚箕，在路两旁的浅沟里抓这种鱼。抓到后，他们先把两条鱼各装进一个玻璃瓶，并排放在一起。两条鱼一看到对方，搏斗的本能就被激发，拍打着鳍，拼命游动，摆出准备战斗的姿态。这种"打架鱼"一被激怒就把鳍张开，展现出闪亮的红、橙、蓝三色，很夺目。这时，把一条倒进另一条的玻璃瓶子里，两条鱼很快便斗得伤痕累累。

他们还玩斗风筝，在把风筝放上天之前，把掺了碎玻璃的浆糊小心地涂在风筝线上，用以在天上割断对方的风筝线。断线的风筝飘落地面时，谁捡到就是谁的。多年后李光耀还常常想起那斗风筝的一幕。

他们也比赛弹子。找一片沙地，挖三个排成一线的洞，轮流把弹子弹进每一个洞里。

回想起这些童年的小游戏，李光耀有时觉得它能培养一个人的战斗精神和争取胜利的意志。

后来李光耀每每回想自己的童年，感

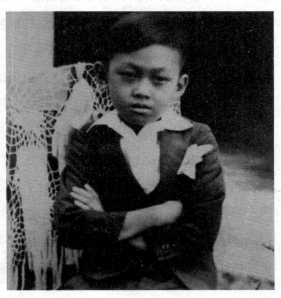

儿时的李光耀

到自己不是软弱、被宠坏的一代。那个年代的他没有花哨的衣服和鞋子，到了李光耀的孙辈却样样有。李光耀那代人穿的是简单的树胶底帆布鞋，每双四五角钱，产自本地鞋厂。过年的时候，如果幸运的话，父母亲会到鞋店给他买一双用现在眼光看来质量很差的本地制造的皮鞋。鞋内底和后跟都是用硬纸板充数的，所以非常怕水。

那时的世界，在李光耀来眼里看来很简单。

李光耀的家境既不算穷、也不算富裕。他和弟妹们没有很多的玩具，更没有电视机。这时，读书便成了他的一大乐趣。他不但学到了知识，也学到了智慧。李光耀通常买便宜的惊险小说来看，追读一些儿童类的奇遇故事。一到星期五他就盼望着从英国开来的邮船开进丹戎巴葛码头，邮船载来英国的杂志和画报。再年纪稍大一些，他便到莱佛士的图书馆去借书回来看。

有时候李光耀跟着家人到外祖父的树胶园的木屋去度假，在那里呆几天或一个星期。一家人乘坐牛车从樟宜路前往树胶园，牛车由两头牛拉着，负责赶车的是外祖母的园丁。牛车的木轮用铁圈箍着，在布满辙印的泥路上行走时，总是颠簸得很厉害。

虽然一日三餐吃得比较简单，但李光耀童年都可以吃得很饱，没挨过饿，食品也比较健康、绿色。

每年一次，他的母亲和阿姨们为了准备农历新年除夕和往后两个星期的节庆，会一连几天烘制糕饼，然后把一个个玻璃瓶装得满满的。那时本地生产的饼干，是仿制英国的产品，而正宗的英国饼干则只有英国老板和本地的富有人家才吃得起。

勇敢的母亲

儿时的生活也有烦恼。

李光耀记忆里，他的父亲去当地的会所赌钱，有时赌输了，就带着很坏的情绪回家。这时，他会要李光耀的母亲把首饰给他一些，典当换了钱，再回去碰碰运气。这时候，父母之间往往大吵一番。父亲显出很狂暴的样子，而母亲却坚定不移，绝不答应，无论如何都要保住父母亲给她当嫁妆的首饰。

李光耀的母亲 15 岁就早早嫁给了他的父亲。在李光耀的眼中，她性格坚强、精力充沛、足智多谋。在那个时代的女性，最主要的职责就是做一位贤妻良母。李光耀常常想，如果他的母亲晚一代出生，而且受过中等以上的教育，她的才干使她很轻易地就能成为精明能干的工商界执行人员。

李光耀的母亲一生中主要的精力都用在抚养孩子上，让他们受良好的教育，成为在一个行业里有一技之长，能自食其力的人。为了孩子们的长远发展，她在很多事情上都会挺身而出，毅然地跟丈夫对抗。而由于李光耀是家中长子，在他稍大时，母亲便开始跟他商量家庭的一些重要决定。由于父亲很多方面的不称职，早在少年时代，李光耀便成为事实上的家长，比同龄人显得更稳重、成熟。

上学的时光

李光耀的外祖母对小孩的教育很关心。教育下一代知书达礼、出人头地，是当地老一代华人的亘古不移的老观念。

1929 年，李光耀不满 6 岁，外祖母坚持要他跟附近其他渔民的孩子一起，到附近一所学校上学。

这是一所简陋至极的学校，从老师到学校都不很正规。学校设在一栋木屋里，教室只有一间，摆着用木头做的课桌和长凳。

学生的年龄从 6 岁到 10 岁不等，一个骨瘦如柴的中年中文老师教他们。大家每天照着一本简单的汉语课本一齐跟着老师念诵课文。老师带着浓重的福建口音，教学方式十分简单，就是让孩子们跟着他读诵、背记中文字词。对课文的意思老师也不多做解释，小孩子们根本不解其义。

李光耀不禁向自己的母亲诉说了上学的苦恼。听了李光耀的诉苦，于是外祖母又把李光耀送到离家几里外一家更大的中文学校，李光耀转学到这里，每天走路去上学。这所学校比上一家学校正规，是座两层楼的木结构建筑，大约有 10 间教室，水泥地面，学生每人一张书桌。每班 35 到 40 个学生，6 到 12 岁不等。

但是汉语课依然令李光耀头痛。原因是，他在家跟父母讲的是英语，跟外祖父外祖母讲的是混杂中文词汇和语法的马来语，而跟附近的渔民子弟在一起玩的时候，又讲的是马来语掺点福建话。这样以来，学校里正规的纯中文教育对于少年时的李光耀来说反而显得十分陌生，主要原因是跟他的日常生活完全沾不上边，老师所讲的大部分内容，李光耀听了都摸不着头脑。

两三个月后，李光耀再次恳求长辈想转到英文学校。1930 年的正月，他转学到了离家不远的另一家英文授课的学校。这是一所当地官方办的小学，到了这里，老师说话李光耀都听得懂，毫不费力。学校里的学生多数和李光耀一样也是华人，也有一些印度学生和马来学生。

小学的生活平淡无奇。到了学校开运动会时，学校的操场上挂满彩旗，放着栏架，用喇叭广播获胜者的名字，然后颁奖。在体育方面，李光耀却没得过什么奖。

当时最热门的体育项目是足球，李光耀光着脚和其他孩子一起在操场上踢球。他的马来族同学在他看来真是天生的足球员，踢起球来比华人同学要强得多，一般体育项目他们也占上风。

但华人学生的文化课成绩却比马来同学要优秀。李光耀从一年级读起，用六年时间读完本来要七年才读完的小学，临毕业时李光耀很用功的备考，成绩出来了，他考了全校第一名，被当地很有名的莱佛士书院录取。

外祖母去世

就在 1934 年，李光耀小学毕业的前一年，他的外祖母患上肺结核，病得很厉害。这件事标志着他童年生活的结束。

外祖父和外祖母住在李光耀的隔壁，外祖母常常咳个不停，晚上隔着板墙也听得到她的咳嗽声。她越来越瘦，头发也灰白了。西医诊断了以后，说她已时日无多。全家人开始商量还有什么办法，不得已，请来当地土著的马来巫医，挽救最后一点希望。当地人传说马来巫医有本事治疗病入膏肓的病人。

巫医来看了他的祖母后，告诉李光耀的舅父，必须做法事安抚鬼神。于是到了晚上，在家里的花园上演马来戏，还得供奉水果、鲜花和饭。戏中的演员在哀怨的马来笛声和奇特的鼓声伴奏下跳起祭舞。看了这场面，少年李光耀心头不由掠过一丝恐慌，有种不样的预感，下意识觉得外祖母可能很快就会离开人世。

同时，大伙儿带着水果、鲜花和椰浆饭等供品，来到不远处的海滩上，把供品放在一艘小船上面，推进大海祭祀神灵。过了半天，舅父跟大伙儿一起回来了。他说，小船送到海上漂流了不远就翻沉了下去。第二天晚上，外祖母去世了。

外祖母是维系大家庭的纽带，现在去世了。李光耀的父母亲这时也决定离开这个大家庭，他们向一户印度人家租了纳福路28号的房子。那是一座新的小浮脚楼，屋脚是砖砌的，包括了厨房、储藏室、车库。1935年底他们搬进去，住在了市区。

考入莱佛士书院

李光耀小学毕业后，考到了当地著名的莱佛士书院就读。从这里开始，李光耀受到较为纯正的英式学校教育。

莱佛士书院从当时起就是新加坡最好的英文学校，以他的创办者——英国人莱佛士的名字命名。莱佛士曾经说过："我相信上帝，设立这所书院也许是教化数百万人，改善他们生活条件的方法。"

英国人托马斯·斯坦福·莱佛士爵士 Sir Thomas Stamford Bingley Raffles, FRS（1781.7.6～1826.7.5），是殖民时期重要的政治家。他对于新加坡的开辟、建设做出了相当多的努力，让新加坡从一个小渔村发展成为当时世界上的重要商港。

莱佛士为书院提了三大宗旨：教育当地高层人民的子弟；为有需要的东印度公司雇员提供学习当地语言的途径；收集散落在各处的当地文献和传统的资料，以便了解当地的法律和习俗。

在政府支持下，经过多年的建设，莱佛士书院发展成为当地最杰出的学校，培养了一批杰出学生，书院的很多殖民地学生获得当时英国政府颁发的"女皇奖学金"，得以到英国本土如牛津、剑桥、伦敦、爱丁堡的大学和其他英国学府进一步深造，修读医学、法律和工程等专业。

1936 年，13 岁的李光耀和来自 15 所政府小学的大约 150 名优秀学生一起入读莱佛士书院。这些学生来自于马来亚的不同地区，包括华人、马来人、印度人。

这间学校模仿像英国本土的寄宿，把每个学生都分配到一座宿舍楼，李光耀也被分配到一座"宿舍"，但实际上学生们并不都在学校寄宿。尽管如此，校方鼓励大家建立英式的"宿舍"精神，开展团队协作。学校里开展的板球、足球、撇揽球、曲棍球和田径等运动，都是以"宿舍"为单位进行比赛。

这所学校的课程大纲跟英国本土基本接轨，所采用的课本，尤其是英语、英国文学、英帝国史、数学和地理等等课程，由当时的英国教育部门改编自英国本土学校所用的课本，在英国殖民地的学校里通用。所有科目都以英语为教学语言。

多年以后，李光耀成了新加坡总理，遇见来自加勒比海或太平洋岛屿的英联邦领袖时，和他们一交流，发现万里之遥的他们读书时用的教材，居然是和李光耀同样的英国式课本。而且他们像李光耀一样，能娴熟地引用英国作家莎士比亚的大段华美文字来表达自己的观点。

在书院，李光耀不算太用功的学生，但数学的成绩却奇好，而且由于家庭的影响，他的英语语言基础很扎实，考试的时候不费多大力气也能考进前三名。

李光耀当年的级任老师是一位印度人，叫坎波斯。他曾在李光耀的成绩单上曾这样写道：

> 哈里·李·光耀决心出人头地，他可能在一生中身居高位。
>
> ——M. N. 坎波斯"。

全新马第一名

这里的教室里没有空调，常常酷热无比。要命的是，李光耀和他的同学在上课的时候，必须像英国本土学生那样，穿着外套打着领带。

李光耀被分在成绩最好的班级，级任老师一个年轻的牛津大学毕业生，长一头浓密的浅棕色头发，和蔼可亲。这位老师第一次到海外的英国殖民地，对待当地人随和亲近，不摆英国白人的架子。在这样一位班主任教导下，李光耀的英语水平大大进步。

由于成绩优秀李光耀得了两个奖学金，用奖学金买了一辆漂亮的变速自行车，风风光光地骑着它上学。

1940 年 3 月初的考试放榜了，李光耀不但排名全校第一，也是全新加坡和马来亚第一名。

澳大利亚籍老师科茨在李光耀的最后一份成绩单上赞赏有加：

以他的级别来说，李见多识广，与众不同，脑筋非常灵活。他充满热忱，精力充沛，前途无量。

——C. H. 科茨

总的来说，莱佛士书院的岁月是一段轻松的时光。李光耀对功课应付自如，还积极参加书院的童子军活动，打板球，偶尔也打网球、游泳，还参加过几场辩论赛。

李光耀调皮捣蛋的天性也会爆发出来，有时上课的时候心不在焉，给同学写字条，模仿一些老师说话的口音。印度籍科学老师讲课的时候，忍受不了沉闷的李光耀一边上课一边偷偷给他的老师画下一幅秃了一大片的后脑袋的肖像，他画得太投入了，老师站在旁边都没发现，被抓了个正着，自然免不了一番教训。

书院有一条校规规定，学生一学期迟到二次就要挨打三鞭。那时候的李光耀早上总是睡不醒，起床后总是急匆匆往学校赶。有一年，一个学期里李光耀第三次迟到，级任老师叫李光耀去见校长。校长麦克劳德一看是李光耀，他当然认得，因为李光耀得过多次奖学金，亲手给他发奖品也有很多次，知道李光耀是书院有名的好学生。

这位来自英国的校长大人虽然欣赏李光耀，知道他是个聪明的优等生，可是到了这阵儿，并没有训斥李光耀一番后放他回去，而是毫不客气，铁面无私，一点儿也不手下留情地执行校规。李光耀被命令趴在一张椅子上，校长大人隔着他的裤子狠狠地抽了三下。

李光耀一直记得被校长打屁股的事，很久以后他还说起这事，"西方教育家为什么极力反对体罚，我始终不明白。体罚并没使我和同学们受到什么伤害，实际上对我们也许是大有好处的。"

李光耀对严师出高徒、棍棒出孝子的中国传统倒是心领神会，他对老师充满了感念。

李光耀的父母有两个朋友分别当了律师和医生，自己开门执业，过着中产阶级的优裕生活，即便是上世纪 30 年代席卷世界的经济大萧条，对于他们这种职业也几乎毫无影响，日子照样过得不错。父母以此为例，经常开导少年李光耀，要他学好一门专业技能，将来自己执业，做一个体面的上层人士。

受了父母的这种开导，李光耀一心准备将来要当个律师。

进入学院

1940 年 2 月，第二次世界大战的硝烟已经弥漫在欧洲。不久之后，法国被德军占领，德国人在那里建立了傀儡政府，但这一切对于新加坡来说，仿佛是另一个世界的事。

这时，李光耀的剑桥高级文凭考试成绩在新加坡和马来亚两地都排名第一，可以由莱佛士书院升入莱佛士学院。他还获得了当时最被看重的安德森奖学金，这个奖学金每三年颁发一次，给成绩最好的学生，1940 年这一期归了李光耀。奖学金很丰厚，除了付学费、书籍费和膳宿费之外，还有剩余。

莱佛士学院是英国的殖民地政府于 1928 年在新加坡创建的，设有文科（英语、历史、地理、经济）和理科（物理、化学、理论数学和应用数学）。殖民地政府拨巨款为这个学院设计了一批漂亮的建筑物，学院的建筑样式仿照英国本土的剑桥大学和牛津大学。

学院的讲师多是来自英国牛津大学或剑桥大学的优秀毕业

李光耀和柯玉芝在莱佛士学院读书时的合影

生，由于莱佛士学院还算不上大学，这里的学生读完三年的课程后，没有学位，只能拿到三个等级的文凭。但这里的教学采用了牛津和剑桥的上课方式和导师制度，考试严格。总体来说，英国殖民地的学院即使与剑桥大学和牛津大学的水准相比也并不逊色。

李光耀不但努力学习英语，以便将来修学法律专业，他对数学和经济学也很感兴趣。他天真地想，学了这些课程，以后没准可以在商业和股票市场能大有一番作为。

学院每学年有三个学期，第一学期李光耀的数学考试成绩高居榜首，考到90多分。但英文和经济却排名第二。他落在一个名叫柯玉芝的女生后面，而且分数差了一截，李光耀不仅吃了一惊，对这个女生暗暗好奇。

1941年3月学年结束时，李光耀的成绩依然不错，理论数学排名第一。但是柯玉芝的英文和经济学成绩则排在第一。李光耀这时的目标是争取女皇奖学金，但现在他在学业上第一次碰到了一个强大的竞争者，这让他不开心。

进入学院的第一年，李光耀由于成绩最好，名闻全校。而他的高个头儿更引人注目，受到一些高年级马来学生的戏弄和欺负。但李光耀每次都毫不反抗。等到第二年，轮到李光耀也变成老生的时候，便有机会欺负新来的学生了，但他告诉大家自己绝不会这样做，而且劝他的同学也别这样做。

来自马来同学的压力

莱佛士学院每年入学的100名学生当中，有20名马来学生是来自内地各州。

学院里的马来学生抱团意识很强。李光耀后来总结出了原因，由于他们觉得自己的民族受到了威胁，怕在自己的土地上被充满活力、刻苦耐劳的外来民族——华人和印度人所压倒。与此形成对比的是，华人同学因为个个优秀，比较独立，关系就比较松散。

李光耀从小就和马来人的孩子一起玩耍，他的马来语说得很流利。但是李光耀很快就发现，学院的马来人对于对待非马来人，尤其是华人的态度有些格格不入。

一个来自吉打州的马来同学告诉李光耀，"对我们马来人来说，你们华人精力太充沛，也太聪明了。吉打州华人太多了，我们受不了这样的压力。"

实际上，这代表了马来人的一种普遍看法，新来的移民比他们聪明得多，竞争能力强得多，决心也大得多，他们怕以后殖民地的高等职位都被这些移民给抢走了。

英国殖民地教育制度是一种典型的精英培养制度，以千分之一的比例，在当地招收和培育了一批最优秀的受英式教育的学生。这些学生毕业后，基本都能进入殖民地的上流阶层。

英式教育鼓励学生通过谈吐、作风、衣着和办事方式来建立认同感，培养起关系网，这种教育风格被英国人由本土带到了殖民地。书院的学生们之间也自然而然地建立起校友关系网络。

用李光耀的话说，"这既是竞争对抗的年代，也是建立永恒友谊的年代"。许多跟李光耀同年级的马来同学后来成了国家的首脑或高层领导人，例如后来马来西亚的第二任首相敦拉扎克就是李光耀的同学。

李光耀在莱佛士学院结识的许多华人同学，他们后来成了李光耀在政坛上的盟友和亲密伙伴，例如杜进才、吴庆瑞、关世强等等，还有很多。

在新加坡和马来亚这样经历过英国殖民统治的地区，人们哪怕彼此不认识，只要出身、教育背景相同，就很容易被接受。到上世纪50年代李光耀开始从事律师行业时，有许多朋友和熟人在新加坡和马来亚两地的政府部门和专业领域里担任要职。

2

日本人打了进来

　　日本人来了，新加坡人人不知所措。

　　虽然日军凶暴无比到了人神共愤的程度，但在当时，日本人就是这片土地上新的主宰，个人的力量是如此微不足道，李光耀打算认命了。日本人就日本人吧，总要活下去。

　　李光耀报了一个日本占领军办的日语学习班，开始学习日语，准备为以后的生计打打基础。他的心底里并没有冒出多少要用暴力反抗日本人的意识，虽然他是那么地憎恨日本人。这个眼下的强者比起他们的前任——英国人，是那样的差劲。他们惨无人道，没有人性，但他们眼下是绝对的强者，柄握着每个人的生死和命运。

　　他的华人同胞，那些祖先来到东南亚比较晚的华人青年组织起了一些游击队，拿起枪杆子袭击日本人，和日军展开殊死博斗。这些人的做法让李光耀在心底里钦佩，但他却没想过要加入他们。他觉得他们勇敢、有激情而又不乏激进、鲁莽。或许在更深的潜意识里，他认为他们和他不属于同一个阶层，注定不会成为同路人。

欧战的波及

就在李光耀在佛莱士书院就读期间，在世界范围内比经济大萧条严重得多的危机正在酝酿着。

1938年欧洲爆发慕尼黑危机，德国法西斯崛起，欧洲大地上战争一触即发。

1939年9月，李光耀和他的同学们正准备剑桥高级文凭考试时，从报纸上看到了大号的标题报道："德军闪击波兰！"

不久，英国政府向德国宣战，第二次世界大战正式爆发。

在很短的时间里，强大的德军席卷了欧洲，进而派出无数的轰炸机跨过英吉利海峡，对英国本土的各大城市进行狂轰滥炸，繁华的伦敦等大城市顿成一片焦土。英德两方的空军在英吉利海峡上空展开激烈的攻防战。

对于新加坡人来讲，那似乎是一场离自己很遥远的地方的战争，但又好像离得很近。渐渐地，人人都感觉到了战争的气氛。

李光耀初级班的级任老师格里夫是英国飞行俱乐部的会员。战争打响后，这位年轻的牛津大学毕业生义无返顾地回到祖国加入了英国皇家空军，参加了抗击德国人的战斗。不久，消息传来，格里夫老师在与德军的空战中英勇牺牲。曾经朝夕相处的老师，就这样血染沙场、英魂逝去，这深深触动了李光耀的心。

同一时间，中国军民早已经和在中国大地上和全面侵华的日本军队殊死博杀了两年。

但直到1941年，东南亚一带却波澜不兴，局势平稳。新加坡的人们根本不会想到战争会蔓延到自己的家门口。

日本人打进来了！

1941年12月8日的凌晨，海风习习，城市街边的路灯还没有熄灭。

"轰"、"轰"，巨大的爆炸声忽然间撕破了一片寂静，震撼了整个新加坡。不一会儿，凄厉的防空警报响彻整个城市。

日本人的飞机毫无预兆地飞临新加坡的上空，战争来了，日本人打过来了！

截止当时为止，在李光耀的生命里，可以说还没有碰到过比英国人更强大的民族。在他和同学们的心目中，大英帝国无论是

日军轰炸新加坡

军事还是经济力量都坚不可摧，不但是这片土地上的霸主，更是世界的领袖。无论如何也不可能受到挑战，更不可能被打败。

但是，小个子的日本人杀过来了！

反日的情绪早就在当地基层华人群众中高涨起来，华人们因为自己的故乡中国被日本人侵略而义愤填膺，到处抵制日货。

李光耀目睹着这一切。

李光耀和普通的华人移民还不太一样，他可算得上是新加坡本地的世家子弟，受纯正的英式教育。由于掌握的中文程度很有限，他当时主要是看英文报章，而英文报章主要关注的是欧洲局势。他知道当时在欧洲战场上德国人已经席卷欧洲，并在短暂停歇后挥师攻入苏联。但李光耀和他的同学们几乎忽略了中文报纸所报道的亚洲战事。

从 1940 年 12 月起，《南洋商报》便不断刊登有关日本人扩大侵略的消息和评论。它发表文章指出，新加坡坐落在马六甲海峡南端，处于海上交通要道，很可能成为日军的主要攻击目标。这家中文报纸的立场是，很希望英、美等大国都被拖到亚洲战场来，这样就减轻中国抗日战场上的压力。

形势越来越紧张。日本人步步紧逼，战火逐渐烧到了东南亚一带。

1941 年 12 月 1 日，马来西亚的英国总督宣布实行军事总动员。学院的许多班级开始停课。但这个时候，李光耀和他的同学们并不十分惊慌，他们这时还对英国人和英国军队信心满满。

12 月 2 日，英国的两艘军舰——战列舰"威尔斯王子号"和战列巡洋舰"驱逐号"——航抵新加坡，更让人们得意洋洋，他们觉得大英帝国在东南亚地区的安全更有保障了。

不仅李光耀和他的同学如此，英国人自己更是如此，他们根本不相信来自亚洲的日本人会强大到足以挑战欧洲的白种人。

战备行为与其说是紧张认真，不如说只是做做样子，吓唬吓唬日本人，使其不敢轻举妄动。谁都不认为日本人会鲁莽到敢和英国人打一仗，因为等着他们的一定是迎头痛击。另一方面，英国人这时正忙着在欧洲抗击德国人，对其他地区既无暇全力顾及，也就抱着一种听之任之的态度。

谁都没有料到，战争突然而至，而且结果是戏剧性的一边倒。

丢盔弃甲的英国人

凌晨四点，李光耀正在莱佛士学院的宿舍里睡得正香，突然间被炸弹轰隆隆的爆炸声惊醒，战争终于降临新加坡。

根据第二天报纸报道，日本飞机这次对新加坡市区的轰炸共炸死 60 人，炸伤 130 人。

遭日军爆炸过后的新加坡市区

莱佛士学院里马来亚内地来的学生，纷纷乘火车回家到乡下躲避日本轰炸机，学院几乎空无人影。新加坡保卫战即将打响，李光耀和他的同学们既害怕，又有几分紧张和刺激。

学院号召学生们组织"医疗服务队"救助战争中的伤者，李光耀志愿加入，每天从家里骑自行车到几公里外学院的医疗服务队。每个服务队成员领到了一顶头盔和一个臂章，上面印着红十字标志，每个月还能得到一点儿津贴。

12月10日，也就是"威尔斯王子号"和"驱逐号"抵达新加坡之后的第八天，在海面航行的时候被日本轰炸机炸沉，这消息让大家难以置信。

英军在战场上节节败退。

更多的消息从马来亚方面传来，有的说英军在前线溃不成军，日本军队毫不费力地突破英军防线，骑着自行车沿马来半岛南下，穿过树胶园，用小船和舢舨在英军防线后面登陆，迫使更多英军后撤。

大批白人家庭开始逃到新加坡。在当地有财富和地位的华人也开始举家逃难，他们很多人曾捐钱捐物给中国支持抗战，也协助过英国人，一定会被日军报复。

到了1942年1月，日本战机开始夜以继日地大举轰炸新加坡。

一天下午，李光耀参加了第一次救护和收殓伤亡者。一颗炸弹刚刚掉在警察局附近爆炸，有几个人死伤。在现场，李光耀第一次亲眼看到活生生的人流血、受伤和死亡，残肢断臂、血肉模糊，景象惨不忍睹，使他心惊肉跳。

1月31上午，所有马来亚的英国军队都从柔佛撤退到新加坡

英国军队在东南亚防守

岛。英军中的苏格兰士兵风笛手吹奏着《高原少年》的乐曲，乐曲声中，最后一批列队越过新柔长堤。两名风笛手表情凛然，面对战败的厄运，还能保持着冷静沉着的绅士风范，这一幕深深留在了李光耀的记忆中。。

新加坡攻防战开始了，枪炮声响成一片。

李光耀所属的医疗服务分队，是在2月8日上午执行最后一次任务。当日，学院的戴尔教授召集所有队员，问道，"你们有谁自愿完成一项危险的任务？"

李光耀和他的同学莫里斯，还有其他几名队员自告奋勇报了名。

他们乘坐一辆救护车来到离北方战线约七英里的地方。抵达后，面前是一个一片火海的小村庄，刚遭到日军的轰炸和炮击。他们走入一片树胶园准备进行救护工作时，莫里斯看到一颗没爆炸的炸弹，弹尾还露在地面上，赶忙叫李光耀小心。这真是救了李光耀一命，不然，他可能踩个正着。他们搜寻到几个伤亡者，送上救护车后高速驰往市区的医院。

一天早晨，李光耀戴着头盔和臂章骑自行车从服务队回家时，看到一列军用卡车停在路边。站在卡车旁边的是一些沮丧的澳大利亚士兵，个个神情惊慌。

李光耀停下来问他们，"前线离这里还有多远？"

一个士兵答道："全完蛋了，给，把它拿去吧！"说着就把手中的枪推给李光耀。

李光耀不禁吃了一惊，这个士兵已经对战事完全绝望了。

李光耀客气地拒绝了这个士兵的枪，并且尽量安慰了他一番——现在胜负未定，还不到绝望的时候。但是，对于这些士兵来说，结局早已注定了。

最后一批英国和欧洲的白人平民包括妇女孩子，争先恐后挤上停在港口的仅剩的几条船，从马来亚拥入新加坡逃命，整个马来亚的殖民地弥漫着恐慌。

日军的零式战斗机飞临新加坡上空，李光耀看到，英国皇家空军的水牛式战斗机也连忙起飞，但英国人的飞机不是去迎战日机，而是向相反的方向扭头逃命，以免在地面被敌机击毁。当时的情况是，日本人的战机速度快、动作精巧灵活，相比之下，英军的战机飞得慢、动作笨拙，根本不是日本飞机的对手。

1月中旬，新加坡的学校全部停课，炮声越来越逼近市区时。为了安全，李光耀的母亲建议全家搬到外祖父的房子去，那里远离市区，被炮弹击中的可能性较小。李光耀赞同并支持母亲的建议。

他告诉母亲说，"我准备留下来看守我们纳福路的房子，也方便我继续到莱佛士学院的医疗辅助服务站值勤"。

李光耀家的园丁许忠祜陪着他一起看家。这位园丁身兼人力车夫，每天接送李光耀弟妹每天上学放学。他们挖了一个洞，盖上木头，铺上泥土，做成了一个防空壕。李光耀的母亲走之前，在防空壕里为他们囤积了大米、食盐、罐头和一些生活用品。

这是一段暗淡得看不到希望的日子，有几次李光耀值完班后跑去看电影，好让自己在看电影的两三个小时中暂时忘记眼下的这一切，把渺茫的前途抛在脑后。

1 月底的一个下午，李光耀在国泰戏院看一部喜剧片，电影的情节是挖苦日本人的，有一个场面是，一颗炸弹落下之后却没爆炸，露出"日本制造"的标志，原来是个哑弹。片中的日本兵两腿打弯，眼睛斜视，枪也打不准。

李光耀想，血淋淋的现实已经颇具讽刺的表明，日本人远比影片里要强大得多。

撞见日本鬼子

英军后撤，医疗辅助服务分队不得不宣布解散。起初李光耀还留在纳福路老家，后来由于炮声越来越近，李光耀只好到直落古楼和家人住在一起。

搬到直落古楼的第二天，李光耀和家人听到远处传来枪声，时近时远。而炮声、炮弹爆炸声却沉寂下来。

李光耀感到奇怪，从后门走到渔村旁边巷子里。他沿着泥路最多走了 20 米。忽然，看到两个人穿着暗褐色的军人制服，跟英军所穿的绿色和棕色制服不同。

天哪，是日本军人！

李光耀楞了几秒钟，才忽然想起来，这就是传说中的日本鬼子，顿时汗毛直竖。

这些士兵下身着绑腿，脚穿胶底布靴，最让李光耀感到怪模怪样的是他们头上所戴的鸭舌帽，帽子后面还连着小披风，垂在颈后。他们外形古怪，身材矮胖，扛着插了刺刀的长长的步枪，身上散发出的一种令人作呕的怪气味，一味过后就忘不了。

这几个日本兵正忙着搜寻残余的英军，没有理李光耀，只管往前走。

李光耀赶紧飞奔回家通知家人，大家连忙把所有门窗关上。

但是，天知道这管什么用？

日本军队从 1937 年起在中国干下的种种令人发指的暴行，已经传播得世人皆知。李光耀一家人最害怕的就是他们在这里重演奸淫掳掠的暴行。

但那一天直到晚上，什么都没发生。

此时，英军迅速撤往市中心，未作任何抵抗。

英国人战败带来的思想冲击

好几年以后，英国战时首相丘吉尔在提到英殖民地新加坡的陷落时说，这是"英国历史上最严重的灾难，也是最大规模的对敌投降"。

英国人强大、优越的神话几天之内就被打破了。11 万名日本兵进占马来亚和新加坡。有 13 万名英国、印度、澳大利亚士兵当了日军的俘虏。白人殖民地官员早已逃之夭夭，英国在殖民地的

1942 年 2 月 15 日，英军在东南的最高司令白思华向
日军中将山下奉文投降

机构完全停止了运转。

　　李光耀看到，当日本人狂轰滥炸时，躲在办公桌下的正是白人老板们；不顾当地人的死活争相逃命的，也是这些白人殖民地官员和上层人士，让当地人感受到他们的自私、胆怯，完全没有和当地人同舟共济。

　　在李光耀看来，这里的亚洲人一向依赖英国人至高无上的领导，如今白人却辜负了他们的一片期望。

　　这年的 2 月 15 日，是华人传统的农历新年，也是一年中最盛大喜庆的节日。但这一年的春节，无疑是自 1819 年华人移居新加坡以来最暗淡的一个节日，从新加坡北部和西部靠近市区的地方不断传来的枪炮声，响彻云霄。

　　李光耀的有些朋友从市区回来，说市区到处在发生抢劫。李光耀和全家人不禁焦虑万分，担心纳福路 28 号的家。

"尤其是囤积的粮食，一家人要靠它度过漫长的岁月，保得住吗?"李光耀想。

和母亲商量后，李光耀和家里的园丁许忠祐一起走了两个多小时回家。沿途看英国人的大洋房里已是人去楼空，这些大洋房的主人正被日本人集中到了一起，准备送进集中营。

此情此景，让李光耀感到自己正在经历一个时代的结束。后来的人很难想像英国的殖民制度如何在 1942 年 2 月 15 日这天被日本人一举摧毁的，而李光耀经历了这一切。

这种阅历对他的思想造成了深远的影响。

在李光耀的印象里，自从 1819 年英国人莱佛士在新加坡登陆，把这里建成了东印度公司的海上贸易站以来，白人在这一地区的支配地位从未被质疑和挑战过。

李光耀从 1930 年开始上学懂事时就知道，英国人是这里的老大，虽然他们在当地的人口只有几千人，在数量上是极少数。这些英国人过着养尊处优的生活，住在环境优美的区域，和当地人分隔开。殖民政府的官员拥有大洋房、汽车和许多仆人。英国人吃得是精美的上等食物，每隔三年，官员们便有三到六个月的长假，从位于热带的湿热无比的新加坡回英国老家休养。他们的孩子也回英国受教育，不跟当地孩子一起，这些孩子也过着高人一等的生活。

英国殖民地总督是这里的首脑，也是老板中的老板。在庆典仪式上，他总是穿上镶着金色绶带的雪白漂亮的制服，头戴顶端装饰着白色羽毛的盔帽，腰间佩带一把长剑。白人官员担任政府中所有高级职位，而且对当地亚洲人掌握着生死大权。

殖民地的警察总监、高级警官、医务局局长、医院的高级内外科医生，都由白人担任。亚洲医生只能在白人医生手下工作，即使他们的资历比白人医生老。护士长也是白人，虽然她们只会讲英语，跟本地人谈话时必须请本地护士当翻译。

在莱佛士学院，所有教学人员都是白人。有两名本地最优秀的毕业生只能当助教，拿到的薪水也比白人低得多，例如吴庆瑞（后来成为新加坡副总理）。

英国人工业发达，政治制度先进，军事强大，不由不让本地人相信英国人天生优越的神话，但是这个神话现在被另一群亚洲人——日本人粉碎得一干二净了。

面对残暴的日军

但是，粉碎英国人神话的日本人，对于它的亚洲同胞的残暴、蛮横。这同样让人们意想不到。

新加坡一夜间变了样。英军已经投降。本地警察怕被日军当成是英军的单位，早已跑得不见踪影。

很多当地人肆意抢劫英国公司留下来的货仓、商行，把食物和贵重的东西一洗而空。抢劫连续发生几天以后，日本军队才开始出面维持秩序。他们维持治安的方式是，胡乱地用枪打死几个抢劫的人，然后把头砍下来放在新加坡的大桥桥头和街心示众。

李光耀发现日军的士兵其实也四处抢劫。最初几天，街上行人身上的钢笔和手表都会被日本兵夺走。日本兵还以搜查为名，夺门而入见什么拿什么，谁也不敢反抗。尽管日本人和华人文化相近，但在李光耀看来这没什么用，日本人对待华人也毫不心慈手软。

李光耀经常看到，有很多居民一开始因为不懂日本人的规矩，走到路口或桥头时没向日本哨兵鞠躬，被罚在热带的烈日下跪上几个小时，两手还得在头上托着一块大石头，直到撑不住了倒在地上为止。

一天下午，李光耀在纳福路家旁边，看到一个日本兵在付车费给一个人力车夫。人力车夫嫌少，要求多给一些。日本兵抓住人力车夫的胳膊直接来了一个空摔，然后若无其事地走开。李光耀不由吃了一惊

第二天，李光耀在红桥又见识了日本人之间的另一幕。一辆日军汽车经过哨卡时，哨兵立正行礼稍微迟了点，汽车经过哨卡后，又突然倒回来。一个日本低级军官从车里下来，走到日军哨兵前不由分说就是三耳光，然后同样用柔道的招式把这个哨兵重摔在地。

第二次见到这场景，李光耀不那么吃惊了，他慢慢知道，日军的蛮横和残暴是自上而下灌输的。

李光耀也没逃过日本人的蛮横。

有一天，他去探望阿姨，走近红桥时，看到一个日本哨兵在桥头踱来踱去，附近有四五个日本兵围坐着。李光耀这时戴了一顶宽边的澳大利亚军帽，这是他捡的，正好用来遮挡热带的烈日。

在这批日本兵面前走过时，李光耀尽量悄悄地往前走，不想引起注意。只听一个日本兵大声喊道"过来"，并招手示意李光耀过去。

李光耀不敢违抗，刚走到日本兵跟前，日本兵举起步枪上的刺刀，把他戴着的军帽挑了下来，摔在地上。接着狠狠地打了李光耀一巴掌，推李光耀跪下，用军靴一脚把李光耀猛地踢倒。李

光耀爬起来后，日本兵做了个手势，要他原路返回。

有几天，一群日本士兵强行驻扎到了李光耀的家里，这群日本兵由于长期作战，无法洗澡，散发着令人作呕的臭味，在屋子里和院子里到处乱翻，还找到了李光耀母亲藏的粮食，在院子里生火煮饭。家里人要是一下没听懂他们的意图，就会挨骂或挨耳光，让一家人彻夜难眠。

李光耀看到，被俘的英国、印度和澳大利亚军人被日军押解，列着队步行到樟宜集中营。从1942年2月17日起，连续两天一夜，这些战俘拖着沉重的脚步，从李光耀家门口经过。李光耀一连几个小时坐在走廊上看着他们，心情非常难过。

战俘里，神色最沮丧的是澳大利亚士兵，他们身材高瘦，没精打采，很多人连上衣都没穿，光着身子，不知是因为气候炎热脱掉了，还是在打仗时丢了。英军则不一样，如果上衣不见了，军士们一般还会戴上臂章。他们个个垂头丧气，流露出绝望无助的神情。里面的印度士兵也差不多。

但他们也不都是如此沮丧。队伍中的苏格兰人战俘仍然昂首挺胸，依照军士长的口令，"左右、左右、左、左"，整整齐齐地踏步前进，廓尔喀雇佣军也是一样，昂首挺胸。许多英军也保持着军人的仪表，这些战俘一经过，便引来当地居民的注目，向他们投以钦佩的眼神，李光耀暗自向他们喝彩。

正因为其中的廓尔喀战俘不屈的面貌给李光耀留下很深刻的印象，新加坡政府从60年代起，就开始雇佣一定数量的廓尔喀雇佣兵当防暴警察，维持新加坡治安。

命悬一线

日本人要所有华人到新加坡的惹兰勿刹运动场集中，接受所谓的"检证"。

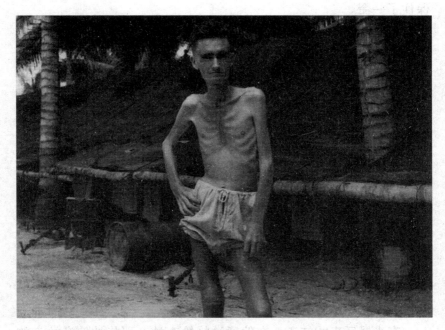

二战时期新加坡樟宜监狱中骨瘦如柴的澳洲战俘

日本兵把守着一个检查站，李光耀经过的时候，一个日本兵向李光耀做了个手势，示意他站到旁边的一群人中间去。李光耀看了一下，这都是一些华人青年。李光耀忽然本能地觉得不对劲。他假装还有东西要回去收拾一下，需要回去，日本兵居然答应了。

李光耀回去躲了半天，才试着从同一个检查站出去，结果这一次日本人没太理他，摆了摆手让他过去了。日本兵在李光耀身上和衣服上用胶印盖上一个"检"字，意思是检查过，李光耀不禁松了一口气。

第二天，整个新加坡都知道了，日军制造了针对华人的血腥大屠杀。昔日繁华鼎沸的新加坡变得恍若地狱一般。李光耀侥幸保住了一命。

当时，中国的抗日战争正在艰难进行，东南亚的海外华人积极向中国捐钱捐物支援抗战，让日本人怀恨在心。新加坡正是东南亚华人的聚集地。日本人占领后，终于找到了报复的机会。

1942 年 2 月 18 日，日本人张贴布告，并派遣士兵到市区各个角落通过扬声器通知华人，凡是年龄 18 岁到 50 岁的，必须到五个集中地点接受检证。日本宪兵挥舞刺刀，挨家挨户地不分老幼把华人赶到上述地点。

几天后，他们被反绑双手押上车送到海滩，下车后，日本兵强迫他们往海里走，然后用机关枪在后面扫射。接着日本兵用刺刀戳每一具尸体。日本人不埋葬尸体，任由海水把海滩上的尸体冲上冲下，任其腐烂。

李光耀后来才知道，在他通过的检查站，那些被随意拉走的华人都是这个下场。有几个奇迹般逃生的人，向人们讲述了逃出鬼门关的惊心动魄的经过。

战后经过估算，在这次屠杀中死难的华人多达 5 万到 10 万人。日本军队还在乡村地区进行扫荡，杀死了几百名华人中的青壮年。

英军投降后两个星期，李光耀听说日本兵把市区中上流阶层的住宅区封围成了单独的区域。有一天李光耀骑自行车经过的时候，看到这里已经被日本人改造成了慰安所。

对英国人的怀恋

这一年，李光耀的祖父病重，随后与世长辞。

他的境遇使李光耀很难过。不仅是因为他老病缠身，而且因为祖父生命的最后时刻，看到自己一生熟悉的世界及其生活方式和价值观完全被颠覆了，英国海军、英国船长和绅士们、他们严明的纪律、卓越的表现和海上霸权，都被外表古怪的日本人一举摧毁。

祖父这代人不明白，为什么这种邋邋遢遢、毫不起眼的矮个子民族，居然打败了相貌堂堂的英国达官贵人。这对祖父来讲，真是一种双重的痛苦。

在日本占领的三年半里，每当李光耀自己或是他的朋友当中有人被日本兵折磨、殴打或虐待时，他们都不禁深深叹息，恨不得英国人早日回来。

李光耀后来回忆说：

"我这一代人亲眼看过日本兵的本色，不会忘记他们在作战时对死亡所抱的近乎毫无人性的态度。……在日本占领期间，我们经常看到日本兵在空地上进行劈刺操练。他们猛刺用麻袋制成的人形靶时所发出的呐喊声，令人听了毛骨悚然。

"日本军官的样子很滑稽。他们的腿很短，有些还是弓形腿，跟德国军官走路时高视阔步、气宇轩昂的架式，完全两样。叫人更觉得滑稽的是，他们所佩带的武士剑，跟自己的身高比起来显得太长，得用左手把剑握住，以免拖在地上。"

起初他们的样子让人看来很好笑，几个月后，李光耀对他们的看法就不同了。

> "他们不怕牺牲，是可怕对手。他们只需少许食物便能过活。他们挂在腰间的铁盒里只藏着些白米，加上一些大豆和咸鱼。
>
> "他们并不是小丑，而是杰出军人。他们的作战素质却不容置疑。他们作战时的凶猛，……经过仔细观察之后，我敢肯定，单在战斗精神方面，他们无疑是世界上最杰出的士兵之一。而他们对敌人也无疑是暴虐和凶残的。"

李光耀后来这样回忆。

当几年后美国人把原子弹投在广岛和长崎从而导致日本投降时，他想，如果不这样，新、马数十万平民和日本本土的数百万人民，恐怕会死于战火。

用恐怖建立秩序——日本人的治理手段

李光耀后来曾说，"有人主张对待和惩罚罪犯应该从宽，认为刑罚减少不了犯罪，我从不相信这一套，这不符合我在战前、日治时期和战后的经验。"

李光耀曾在街上看到血淋淋的一幕，日军砍下人头，放在一块钉在杆头的小木板上，旁边贴着告示"任何人都不准抢劫，否则将会落得同样的下场"。那一幕像照片一样印在李光耀的记忆之中。

日本军管政府治理社会的方式很简单，就是用赤裸裸的血腥手段，用李光耀的话说，"让你不寒而栗，而不借助什么文明的管理行为来伪装"。

日军的刑罚太重了，几乎没有人敢以身试法。到了 1944 年下半年，由于战争，物资严重匮乏，人们饭都吃不饱，但新加坡城区却可以夜不闭户，犯罪率之低叫人惊奇。日军要求家家指定一个户主，每 10 户设甲长一人。黄昏过后人们开始在区内巡逻，直到天亮。这些居民拿着棍棒，也不过是做做样子。严酷的惩罚使犯罪活动在日军管制下的社会上几乎绝迹。

跟新加坡的当地人一样，李光耀也听说过日本宪兵拷打人时手段是多么毒辣。他们戴着白色的臂章，上面印着"宪兵"两个红字。这些宪兵的权力至高无上。

住在这些宪兵部附近的人家说，他们经常听到受害者遭拷打时的哀号声。李光耀猜想这是日本人故意要使邻近的人产生恐惧心理，并把这种恐惧传播开。

数以百计的人曾在新加坡日本宪兵部被扣留和拷问，李光耀的朋友林金山就是其中一个。他在 1963 年到 1980 年担任过内阁部长。1944 年林金山两次被日本宪兵抓走，他被怀疑给予了地下抗日的共产党人以资助。

日本宪兵用绳子鞭打，用脚踢他，直到他昏了过去，有人往他脸上泼水才苏醒过来。他发现自己被关在一间长 6 米宽 4 米的牢房里，牢房里大约有 30 个男女。

林金山回忆说：

> "我们吃的是用旧煤油桶装的跟烂菜一起煮的稀粥。它使人想起喂鸭子。我吃不下，一吃就吐。我们一律得蹲下

来，没得到看守许可不能换姿势。

"被扣留的人当中有个高头大马的潮州小伙子，十七八岁，为人乐观。他原是个军补，逃跑后给逮着。一天晚上，宪兵队把他赤裸裸地吊在天花板上，双手反绑，绳子绕在横梁上，让他的脚稍微离开地面。不时可以看到他拼命地伸长脚尖踮地，设法减轻双臂的负担。

"他们吊了他一整晚，不让他吃喝。他用粗话高声叫骂，用潮州话骂日本人。第二天早上，一个宪兵用藤条鞭打他的背，喊声和骂声逐渐变小变弱，成了哀号和呻吟。持续了几个小时后，连哀号和呻吟也越来越弱，最后静了下来。他死了，还吊在我们面前一段时间。这是给军补看守和我们的警告。

"有一回宪兵用水龙头向一个男人灌水。肚子灌得胀鼓鼓的之后，行刑者就跳起来坐到他肚子上，那人呕吐昏迷过去。

"每天早上我们一听见橐橐的靴声由远而近时，就浑身哆嗦。那就是说有人会受到拷问。一些人一去不回。"

李光耀后来这样总结："日治时期的三年零六个月，是我一生中最重要的阶段，它让我有机会把人的行为、人类社会以及人的动机和冲动看得一清二楚。没有这段经历，我就不可能了解政府的作用，也无法了解权力是进行彻底改革的工具。"

他说，"我亲眼看着在残酷无情的占领军面前……日军要求绝对服从，除了极少数人，人人都从命。几乎所有的人都憎恨他们，但是大家都深知惹不起他们，只好调整适应。"

他接着说，"三年零六个月的日治时期让我学到的东西，比任何大学所教的来得多。……关于谁说了算，谁能使人民改变行为，甚至改变效忠对象的争论，是由日本枪炮、日本军刀和日本暴行解决的。"

在日本人的统治之下，华人和马来人的表现大不相同。

在李光耀看来，马来人的历史太短，缺乏国家意识，无论谁来统治都差不多。少数曾加入英军的马来人躲进丛林中，建立起抗日游击队。但是更多的马来人却希望日本这个眼下的强者成为他们新的保护者。

但华人完全不同，对日本人非常愤恨，很多华人加入了马来亚共产党，另外一些则参加了当时国民党领导的抵抗运动。这些华人并不是忠于马来亚，而是保留着对中国的感情。

在战争时期华人成为对抗日本人的主力。而在后来的和平时期，他们也成为反抗英国人殖民统治的主力。但是李光耀和这一批的华人还不完全一样。李光耀小时候家道很好，后来接受英式教育和英国人理念的熏陶，本可以过上优裕的生活。他本能的反感日本人的不人道和残酷，但他的反抗精神没有底层华人民众那样强烈。

日本人治下讨生活

在日本人占领下的新加坡，人人惶惶不可终日，不知道明天的日子该怎么过。

李光耀的父亲这时候没有了工作，李光耀和三个弟弟和小妹都失学了。

有一天，李光耀上街想去一家旧书店。途中，看到一家戏院大门附近围着一群人。他走过去一看，原来人们正在围观一个华人的头颅，头颅放在一块钉在杆子上头的小木板上，旁边有一张用中文书写的告示。

李光耀看不懂告示上的中文，有个人告诉他，告示上的内容是，任何人都不准抢劫，否则将会落得同样的下场。这是日本军队干的。

李光耀离开时，对日本人充满了一种恐惧感。偶然看到这血淋淋的一幕，加上看不懂中文，使李光耀决心要学一学中文。他想，在新的统治者手下，英文知识已毫无价值。学习中文总比学习日文好，中文至少是自己祖先的语言，而不是令人憎恨和反感的日本人的语言。

一时也没事干，李光耀便到书店找了几本中文课本，用了几个月时间，认识了一千多个汉字，但却不会念。汉字的国语发音有四个声调，李光耀不懂得怎样发四声，也找不到人教，这成了他最大的苦恼。

恰在此时，日本人为了巩固自己的统治，设立了一些日语学校，培训当地人学习日语。慢慢地，李光耀心态转变过来了。他想，日子总要过下去，日本人既然成了这里新的强大的统治者，而且这个事实一时也无法改变，还不如学学日语，也好谋生，带来生活上便利。

1942 年 5 月李光耀到奎因街日本当局所办的日本语学校报名，成为第一批学生。

李光耀的祖父有一个日本朋友，叫下田，对李光耀的祖父很尊敬，战争爆发时曾被英国人关了起来，这个时候回到新加坡，重新经营他的公司。他看到李光耀没事干，便让李光耀来公司担任书记，负责写一些内部文件和跟其他日本公司通信联系。李光耀的父亲这时为了养活家人，也在日本军部找到一份工作。

战争导致物资越来越紧缺，生意做不下去了。下田公司关门。李光耀又找到另一份书记兼打字员的工作。

1943 年未，李光耀在日文报纸《昭南新闻》上看到一则招聘启示，要招聘几个英文编辑。李光耀马上前往应聘。负责面试的是一个在美国出生的日本人，对李光耀英语水平很满意，决定聘用李光耀。这下子李光耀很高兴——自己的英语总算能派上用场了。

他的工作内容，就是整理和编发当时与日本敌对的同盟国的新闻通讯社播发的电讯，像路透社、合众社、美联社、中央社和塔斯社的电讯。李光耀从 1943 年末开始工作，到 1944 年底为止，前后在这里工作了大约 15 个月。

李光耀所在的报社，每逢举行纪念或庆祝活动时，报道部的职员都必须出席在国泰大厦天台举行的集会，聆听最高级官员宣读天皇敕令：“奉日本祖先天照大神之命，这个物产富饶的国家将永远由女神的后裔日皇统治。国家将昌盛，日皇统治下的人民将繁荣，与天地共长久，这是上苍的意旨。”

此时，第二次世界大战正还在残酷进行着，新闻里充斥着在关战争的报道。李光耀一方面在工作中如鱼得水，另一方面，他脑子里却满是关于战争的消息。由于这份特殊的工作，李光耀得以了解战争的最新进展——欧洲以及太平洋战场上都发生着转折，日本人、德国人正在吃败仗，战况每况愈下。这不禁给李光耀的心绪上带来转机。

但李光耀可不敢把这一类的好消息跟报社以外的人说起，这搞不好会给他带来杀身之祸。报社的楼下就专门驻有日本人的宪兵队，他们严密监视着每个人的行迹，不让对日本人不利的消息泄露出去。

艰难的战时岁月

在日本治下的新加坡经常能见到被日军押着做苦工的战俘，一个个皮包骨头，肋骨历历可数，有的身上只缠着遮羞布，身上到处是溃疡和伤疤，尤其是手脚。

在李光耀看来，当时虽然缺粮，但还不至于不能让他们吃饱。李光耀想，日本人之所以会这么残酷地虐待战俘，主要原因是日军瞧不起不战而降的军人，而日军教育自己的士兵要宁死不屈。

日本治下的新加坡，人们的生活也越发艰难。

从1943年末开始，粮食越来越缺乏。日本海军损失惨重，已经丧失了制海权，没法子把米运到新加坡来。

李光耀一家人只好把霉烂、虫蛀的陈米同马来亚出产的白米掺在一起煮着吃。他的母亲就像许多人的母亲一样，把玉米面和平时连碰也不想碰的菜，像番薯和木薯的嫩叶，加进椰浆煮成菜肴。这些食物看起来量很多，却没有什么营养，李光耀和弟弟吃完饭不一会儿肚子又饿了。肉更是成了奢侈品。纺织品也很缺乏，于是李光耀一家人把窗帘和桌布拿下来，改成长裤和衬衫当衣服穿。

由于严重的通货膨胀，李光耀和父亲还有弟弟的薪水合起来还是难以为维生，李光耀的母亲也把聪明才智发挥到了极致，她出身于新加坡本地的华人家庭，从小就学会了烹饪和烘烤，便用能找到的材料制作各种食品去卖。

到 1944 年年中，物价飞涨，一家人已经完全不能再靠薪水过活。李光耀头脑一动，开始参与当地的黑市交易，做起了生意。他加入了新加坡黑市商人的行列，学起了倒买倒卖，新加坡原来的富裕阶层为了活命不得不变卖首饰和房地产，而李光耀就成了经纪人，倒也颇有收获。

由于常在黑市上活动，消息来源广，一个偶然的机会，让李光耀又开发出一个新的营生。一家文具商问李光耀能否提供文具中所用的胶水，当时市面上正闹胶水荒，战前的存货所剩无几。

"能不能自己制造这玩意去卖？"李光耀在黑市做他的小本买卖时，碰到莱佛士学院的理科同学杨玉麟，这时，李光耀就去问他。

杨玉麟本来就是学理工的，他说，"没问题，只要用木薯粉和石炭酸作原料就行"。

李光耀手里有些钱，于是两个人买来原材料试制，结果成功了。他们给自己的产品起了个品牌，叫"速粘"，推入当地的文具市场。一个学艺术的朋友帮忙设计了商标，万事俱备。

胶水一面市大受欢迎。两个人便搞了两个制造中心。一个在李光耀家，李光耀母亲和妹妹也来做帮手；另一个在杨玉麟家里，他的妻子和妻姨柯玉芝则是他的得力助手。后来成为李光耀夫人的柯玉芝这时也没学上，有时也来帮忙。

制造胶水的工作维持了六七个月，到 1944 年末停了。战事已经对日本人极为不利，贸易停顿，胶水没什么需求了。

李光耀在报社的电讯往来中得知，这年 5 月，日本军队尝试从缅甸攻入印度，但被英印军队打退，并遭到反攻。

李光耀这时想，按照这个趋势，英军将会在不久的将来继续沿着马来半岛大举推进。到那时，双方很可能在新加坡一带发生逐街逐屋的激烈战斗。发生这样的事情只是时间问题。李光耀不禁为家人的安危担忧起来。

他从报社请了几天假，到新加坡周边的马本西亚地区旅行一番，访问一下那里的同学和朋友，看一看周围的形势，哪里会更安全一些，让全家人能躲过这场战祸。

临行前，李光耀没忘了带上一些货物，他从市场上买了一些锄头，就带着上路了，结果，马来西亚一带的农村正好需要这些农具，李光耀又大赚一笔。乘火车回新加坡前，他在当地买了一大筐新鲜的蔬菜，准备带回家，当时这在新加坡有钱也买不到。看到李光耀平安回来，还满载而归，一家人很高兴。

日本战败

日子每熬过一天，就意味着英军的反攻又近了一天。

1945 年 5 月，德国战败和投降的消息传来。每个人都知道，日本战败只是时间问题而已。

到了 8 月份，新加坡当地日本新闻报道说，一颗新奇的炸弹在日本广岛上空爆炸，瞬间就杀死十数万日本人。日本报纸对盟国提出强烈抗议。这时，李光耀和新加坡人都觉得，日本的末日快到了。

8 月 15 日，日本天皇向臣民广播，宣布日本投降。很多人偷偷收听了英国广播公司电台的广播，人们几乎都在第一时间听到了这个消息。

李光耀舒了一口气，战争将不会再次发生在新加坡。李光耀的家人、新加坡这个城市都将得以保全。

日本天皇广播之后最初几个星期，英军还没在新加坡登陆，但本地人控制不住喜悦，开始公开庆祝日本战败，日本兵为了泄愤，有时会闯入庆祝场所把饮酒作乐的人打几巴掌。但日本人再也没有在新加坡干杀害平民的事。

日本投降后，新加坡人喜悦地涌上街头欢迎盟军士兵登陆胜利回家。

有人听到日本军官的食堂传来几声枪响，一些日本军官因不肯接受投降而切腹自杀或饮弹自尽。

8月22日《昭南新闻》刊登了日本官员的一篇告市民书。书中说："……天皇由于对国民深切爱护，不忍看到他们遭受极度的痛苦，所以当美国、英国、苏联和中国政府提出和平建议时，天皇决定接受。"书中还写道：

"我们日本人深感遗憾，没有机会进行决战。但是，由于新式炸弹的动用，如果战争继续下去，将不符合人道精神，也意味着整个世界的毁灭和文明的终结。

"我们希望民众了解，如今战争已经结束，每个人应当保持冷静和循规蹈矩。本政府即将移交给下届政府。凡属公众或政府的财产，都应予保护，任何人都不许偷窃或抢劫。这种行为将是人民的耻辱。每个人都应当在新政府治下，遵守秩序，保持良好的行为。

"战争结束后，免不了会经历各种困难，但是全体人民应当同新政府合作，不许制造麻烦。我们再次感谢昭南岛人民在过去四年来的真诚支持与合作。"

英国人终于回来了。

警察开始出现在街道上维持秩序。在战争期间日军有过密切合作的新加坡当地人，都在想办法逃走，很多人逃到马来西亚的内地躲了起来。社会秩序还算不错，跟1942年英军投降时的情形刚好相反。

当地的抗日组织开始在当地追捕亲日分子，李光耀在家里听到有人在小巷子里被人追逐、逃命发出的脚步声，听到拳打脚踢声，听到中刀丧命的凄厉喊叫声。

导致新加坡大屠杀的"马来亚之虎"的罪魁祸首日本中将山下奉文向麦克阿瑟的美国军队投降，然后在马尼拉受审，上了绞刑台。

总体说起来，一切似乎又慢慢在恢复到英国殖民地时期的样子。

3 英伦时光

英伦三岛有着湿冷的气候，但却带给李光耀心灵上的温暖。

柯玉芝随后也到了伦敦上学。

除了完成学业，李光耀在这里接触到英国政界的人士，他近距离的看到英国人怎么搞国家治理和建设。工党、保守党，不同党派的政客因为政见不同，争得面红耳赤，但却不是你死我活，保留着特有的贵族和绅士风度，真是一派文明世界的做派。这让李光耀感到很舒心，在感情上一下子拉近了。

和来自殖民地同学的聚会，激发了李光耀日后投身政治的热情和动机。

到英国求学

"大不列颠号"是一艘 6.5 万吨的大客轮，满载着乘客，乘客里主要是刚刚打完仗准备撤回英伦三岛的复员军人，此外船上还有一些来自英殖民地的平民，十分拥挤。

李光耀乘这艘船离开新加坡，开始了长达 17 天海上旅行，他的目的地是英国。

战争结束了，李光耀决心按照战前的计划完成自己的学业。这时，英国的大学像以往一样，开始恢复接收那些英殖民地的优秀学生入学。由于在莱佛士书院成绩十优异，李光耀申请的英国牛津大学很快同意了他的入学申请。这在当时是极其难得的机会。

李光耀和母亲商量后，拿出在黑市上赚的钱，再加上母亲变卖了一些首饰，凑够了去英国的旅行费用。又想办法和英军的一个上校接上了头，他帮李光耀安排搭上了这艘英军临时征用的运兵船。

上岸后，李光耀目睹了饱受战争摧残之后的英国。

伦敦市区每一个被飞机轰炸过的地方，都被英国整理得干干净净，残瓦断垣都整齐地堆叠在了一边，有些还种上花草灌木，这让李光耀感到了英国人的纪律感和荣誉感。他感到英国人既不因为在战争中蒙受了惨重损失而情绪低落，也不因为在战争中取得胜利而傲慢自大。

刚到英国伦敦的李光耀，无亲无故，人生地不熟，自己张罗衣食住行。然后，到牛津大学的法学院报到。

英国大学的同学们

二战刚刚结束。在战争期间，有不计其数的英国青年被英国军队征召，加入部队，在广阔的欧洲和世界各地的其他战场上打击敌人，和德意日法西斯的军队作战。这其中很多人入伍之前正在上中学或大学，但是为了保卫国土，有六七届学生不得不提前中止学业。

战争胜利了，有很多人没有回来，把年轻的生命留在战场上长眠。而复员回国的青年人则开始继续规划自己的人生。除了稍做休整，接下来要做的第一件事是继续完成自己的学业。战前进不起大学的青年，现在有资格向政府申请退伍军人补助金，用来缴学费。

李光耀在大学里的英国同学们，大多就是这样一批批刚从战场上复员回来的英国军人。

李光耀能感受得到，这些英国同学刚刚经历过血与火的战场，和生与死的考验，几乎都变得成熟，甚至有几分沧桑。他们比平常更懂得珍惜眼前的生活。和平终于降临了，他们需要弥补在战争中失去的时间。

有些英国同学是在战争中大难不死侥幸归来的。给李光耀印象很深的是，有一个同学曾在英国皇家空军服役，因为所驾驶的战机坠毁，脸部严重烧伤，尽管战后再三施行整容手术，看起来仍然叫人心痛。这名同学知道自己脸会把陌生人吓一跳，但仍处处表现出一种自然、自信、毫不自怜的神态。

那些复员后入学的同学，使战后的剑桥大学成为一个学习如何收拾战争残局的地方。李光耀感到自己很有幸能跟这一代的英国人一同生活，一起学习。

当时英国的大学和学院，敞开大门接受这些从战场归来的英雄们。只要教师和教室能排得过来，所有大学都尽量多的招收学生。大学里的学生爆满，上课的时候，教室里常常连坐的地方都没有，去晚了的学生只能站着听课。

在学生过多的情况下，英国的大学优先考虑接收本土的学生就学，来自英殖民地的学生被排在第二位考虑。

来自英殖民地的学生比起他们的英国同学，大多没上前线打过仗抗击过敌人，没有付出过流血牺牲的代价。即使从公平来说，英国学生也自然有权优先获得进入大学的名额。在李光耀就读英国大学的这个时期，来自英殖民地的学生寥若晨星，主要是来自加拿大、澳大利亚、新西兰和南非。

从牛津到剑桥

李光耀所要就读的伦敦经济学院，在他抵达这里的两个星期前已经开始了新学期的课程。

他求见了法律系系主任帕里教授，向他解释，由于战争期间日本人的入侵新加坡，导致他在三年半的时间里中断学业，幸亏这次搭上了到英国的运兵船才能这么快就来到英国。李光耀拿出他在莱佛士书院取得的剑桥高级文凭考试成绩，证明自己是 1939 年新加坡和马来亚最优秀的学生。一番话打动了系主任，他被录取了。

伦敦经济学院像座忙碌的酒店，跟李光耀在新加坡莱佛士学院就读时的氛围完全两样。莱佛士学院生活显得悠闲而又优雅，学生住在宿舍里，可以优哉游哉地走去讲堂，或到休息室闲聊。

而伦敦经济学院是座多层建筑物，这里的学生都赶着上课，坐电梯冲上冲下，人人都忙着到一些地方做一些事，分秒必争的赶着上课读书。李光耀也不例外，在伦敦经济学院听完一堂课，就得冲过一条大街到国王学院听第二堂课，然后再搭地铁或巴士到伦敦大学学院听第三堂课。

这个时候的李光耀，想在英国大学取得一个好的成绩，以利于他以后回到新加坡，有一个良好的职业前景。

一个多月后，李光耀决定转到剑桥大学的法律系，先在预备班就读。

剑桥法律系预备班学生人数大约只有30人，跟李光耀在一起的英国学生是直接从中学毕业的十八九岁的年轻人，李光耀当时已经23岁。还有一些来自马来亚的同学，如20岁的杨邦孝（上世纪90年代起，担任新加坡大法官），来自吉隆坡。由于李光耀第一个学期没上课，他借来杨邦孝的上课笔记补课。杨邦孝的笔记写得很工整全面，李光耀拼命补完没学过的功课，赶上其他同学。

1949年2月，李光耀代表剑桥大学到牛津大学参加模拟法庭的辩论会。辩论开始了，其他见习律师一时还没有理清头绪，但思路敏捷的李光耀这时一下子抓住问题的关键，主持法官看了看李光耀，露出欣赏的微笑。在裁判时，把李光耀大大夸奖了一番。

严冬过后是愉快的夏天。树木郁郁葱葱，剑桥焕发出新的光彩，学生都穿上颜色鲜艳的上衣，李光耀心情也愉快得多了。三个星期后的6月份，考试成绩在评议会揭晓时，李光耀和另几名学生考获一等荣誉，他更是高兴，马上拍电报把好消息告诉父母。

英伦生活

剑桥比伦敦冷得多，也潮湿得多。和伦敦比起来，剑桥完全是另一番天地。

这里的市镇宁静而安详，完全没有伦敦的那种嘈杂，汽车不多，自行车不少。大学里的研究生和教授以及讲师都骑自行车作为交通工具，包括学校的学监。李光耀经常看到一位在大学执教的名叫温菲尔德的 75 岁老律师，骑着自行车麻利地在校园里穿梭。

李光耀也花了几英镑买了一辆二手的自行车，闲时骑车到处逛，下雨也不例外。

半年后，李光耀接到了柯玉芝的来信，她告诉李光耀她获得了女皇奖学金。李光耀求见剑桥的学监，为柯玉芝联系了格顿学院就读。

8 月底，柯玉芝在新加坡登上一艘运兵船，经过漫长的海上旅行，于 10 月初，抵达利物浦。这时，李光耀正在码头上焦急地等待着。

两人分离了一整年后，久别重逢，都很兴奋。李光耀向英国同学借来一辆汽车，载着柯玉芝在伦敦到处观光。几天后，两个人坐火车来到剑桥大学。

课余时间，他们相伴乘车在英国各地旅行观光，在英国城市郊区的庄园旧宅里度过几个假期。他们舒服地坐在草坪的椅子上休息，或是沿着周围的乡间小路散步，呼吸新鲜的空气，温暖、潮湿的西南风吹得人心旷神怡。

李光耀学会了打高尔夫球，他大半是一个人打，地点在阿瑟王城堡旅馆的九洞高尔夫球场。这座球场平时空无人影，李光耀是个新手，他和柯玉芝经常花很长时间找打丢的高尔夫球。柯玉芝也趁机采摘野生蘑菇，由看管庄园的房东太太替他们煮，味道鲜美。

英国人对自己人和外国人都彬彬有礼，让李光耀感觉很不错。给他印象最深的是驾车的英国人的彬彬有礼：你向有权先行

李光耀与柯玉芝在剑桥

的车子挥手示意，对方也向你挥手致谢。

"这真是一个文明社会，"李光耀心里想。

英伦的生活也有并不十分愉快的遭遇。他也会碰到英国人里种族歧视的遭遇。

对李光耀这样一个看起来邋遢贫穷的亚洲学生，有些英国女房东表现得十分刻薄顽固，另一些英国的办事人员则觉得为这样的学生服务有失尊严。

有好几次，李光耀到地铁站附近挂着"空房出租"牌子的房屋打听，女房东发现李光耀是华人，便说房间已经租出去了。

后来，李光耀为了避免再碰钉子，便先打电话，向女房东自报家门说自己是华人。如果她们不愿把房间租给华人，可以电话里当场拒绝，免得李光耀专门去跑一趟。

战后初期英国的物资短缺，有一段时间，李光耀不得不在伦敦租那种起居兼卧室两用的房子。这里的房东太太只提供早餐。早餐过后，李光耀和柯玉芝就不得不得离开房间，好让房东太太打扫。这时，他们只好到公共图书馆去读书，而午餐和晚餐则不得不在餐馆解决。这倒真是一件无奈的事。

英国大学的思潮

在英国大学，李光耀不但专门学习法律专业的课程，为以后执业当律师做准备，这个时候他还广泛听一些政治、经济学的课程，扩展自己的视野。

这时的李光耀，是一个理念渐渐成熟的青年。他的理想已不再局限于学一项专业的技能以利日后谋生，而是触及得更远了。

英国的大学里，各种思潮都很活跃。

伦敦经济学院的政治学教授哈罗德·拉斯基给李光耀留下了深刻的印象。他是个小个子，虽然外表不起眼，但头脑灵活，很有语言魅力。

李光耀听过两三次拉斯基讲课，从拉斯基那里第一次听社会主义理论，立即被吸引了。拉斯基所提出的理论是，人人都应该在社会上得到平等的发展机会，建立一个公平有序社会，他反对由于出身、地位不同而出现贫富悬殊。

这种说法吸引甚至鼓动了李光耀这样一个来自英殖民地的学生，这不是没有来由的。

那时，广大的英殖民地的人往往想当然地会认为自己是大英帝国的一部分，然而现实却是残酷的。他们不得不接受这样的事实，实际上，英国人历来优先考虑的是自己本土的利益，在很大程度上他们对于殖民地只是利用那里的资源、劳动力来创造财富，从而维持英国本土人的优裕生活。换句话说，殖民地只能是大英帝国的二等公民。

所以，拉斯基的话很容易打动当时在英国求学的来自英殖民地的学生。这些学生受到了教育和启发，他们充满了改变现实的理想，萌发出推动殖民地独立建国的意识。

李光耀还接触到当时英国的社会主义价值观。

他曾学习过英国工党财相多尔顿编写的经济学教材。教材里有这样的观点："所得税是公平进步的，因为赚得多就得多缴税，税率也更高"。

在李光耀看来，这价值观在一定程度上损害了英国的经济成长。

李光耀认为，这种理论没考虑到人性的特点，在他看来，累进税会扼杀人们勤奋工作和创造财富的主动性，尤其是扼杀了有本领、有能力这样做的人，使人们变得没有进取心。这种思考为李光耀后来在新加坡的治国理念埋下了伏笔。

这个时候李光耀也受到当时英国的反共气氛的熏染。

英国的报纸上，经常报道当时苏联的消息，报道说苏联人在东欧国家建立亲苏政权，并压制当地群众的一些反苏活动。在课堂上李光耀的老师有时会义愤填膺，大骂苏联共产主义的邪恶。

相对于革命式的改造国家和社会的手段，李光耀更喜欢学院里的费边主义宣扬的理念。

费边主义的主张是一步步地消除两极分化、走向理想社会，而不是非要砍下富人的头，没收他们的财富。一切应该分阶段进行，不扰乱经济，不制造社会动乱。通过对富人课以重税来剥夺他们的财富，这一来，他们的子女就得在跟穷人子女平等的基础上从头开始。

这在当时的李光耀听了颇为神往。但多年以后他就为自己的这种神往感到好笑了。因为他发现，当英国人真正这么做的时候，所谓"上有政策下有对策"，英国的富人找到专业律师大钻法律空子，大搞"合理避税"。这种政策根本约束不了富人。

李光耀结交了一些英国同学，这些学生多是剑桥大学工党俱乐部的活跃分子，后来在1950年的大选中，这批人以工党候选人的身份参加竞选，投身英国政界；还有一些后来成为英国大学法律专业的著名学者。

在伦敦期间，年青的李光耀有几次还特意到英国的下议院听那里的议员演讲和辩论，见识了议会辩论的唇枪舌剑，并接触到那里的议员们。

议院里的工党议员和保守党议员对殖民地学生的看法和态度大不相同。有些工党议员对李光耀这样的殖民地学生极为友善，而保守党文员一听到殖民地学生谈起自由和独立就嗤之以鼻。

书生意气　指点江山

有一天，柯玉芝对李光耀说，"我发现你跟以前不太一样了。过去的你，开朗、乐观，到哪里都是个活跃分子，好像没什么事情能难倒你。也懂得尽情享受人生。而现在看起来却严肃了很多。"

是的，身在英伦的李光耀确实思索了很多严肃的问题，不仅仅是自己未来的前途，还有新加坡殖民地的前途。

李光耀从英国人统治下的殖民地来到了英国本土，这让他真真切切地见识了英国和英国人是什么样的，看到了殖民地社会和英国本土社会在各个方面的悬殊差距。

他亲眼看到，英国人并没有把殖民地和自己的本土同等对待。他们统治殖民地的方针，并不是本着新加坡、马来亚人的利益，而是本着英国人的利益。李光耀越来越感到，英国人关心的，是如何从马来亚输出那里的橡胶和矿产，最大限度赚取利润，以支持英国本土的经济发展。

他思想上的转变还在于，本来英国人在殖民地似乎天经地义的高贵、充满绅士风度和高人一等，然而背后隐藏的却是，对于推动殖民地社会的进步毫无兴趣，只是在乎殖民地政府给他们的丰厚的薪金。

在英国就读，一方面遇到了很多和蔼可亲的良师益友，另一方面，他也能感受到一些本土英国人对殖民地学生的歧视。一些英国房东不愿意把自己的房子出租给李光耀这样的华人殖民地留学生。还有一些政府机构的办事人员，也明显对他带有冷傲的态度。这让李光耀感到，英伦，并不是自己的国家。

殖民地的未来前途，成为李光耀开始重新审视的一个命题。

在英国上学的时候，李光耀经常和一同来自殖民地的同学一起聚会，地点是伦敦的马来亚大厦。这其中就有同为莱佛士学院出身的吴庆瑞和杜进才。

他们聚在一起谈的最多的话题之一，就是英殖民地的未来政治蓝图。

吴庆瑞是李光耀就读莱佛士学院时期的经济学导师。他在伦敦经济学院修读经济学学士课程。杜进才则在伦敦大学攻读生理学学士课程。

他们和其他几个人组织了一个称为"马来亚论坛"的团体，目的是要在学生当中培养政治意识，同时促使包括新加坡在内的马来亚独立国家早日成立。论坛的成员来自所有种族群体，包括马来人、华人、印度人和欧亚裔。

论坛本身的政治倾向既不偏左，也不偏右。它的立场是反殖民主，但主张用非暴力的方式。论坛的成员举行集会时，往往邀请英国的政界人物、工党政府的部长或是保守党和自由党的国会议员来演讲。

李光耀与同学们大谈一阵国是之后，一起从马来亚大厦出来，到洒廊里痛饮一番。英国的啤酒对李光耀来说糟透了，淡而无味，又带有一种浓浓的英国特有的苦涩味儿。而谈醇啤酒价钱很贵，威士忌则贵得叫人动也不敢动。李光耀和他的同学们那时还只是一些"穷学生"，只好一面喝着这种廉价的啤酒，一面畅谈他们回到新加坡之后所要干的大事。

友善的英国佬

在举行毕业典礼那天所拍的照片当中，李光耀最珍惜的是学监比利·撒切尔站在他和柯玉芝中间的那一张。

李光耀在学业上没有令他失望，而撒切尔也给李光耀留下深刻的印象。在李光耀的眼中，他为人精明，富有洞察力，而且对他的学生不惜花费大量的时间细心教导。

比利·撒切尔对李光耀这个来自英殖民地的华人学生很友善。

有一天李光耀在他的套房同他一起喝茶，他指着几个正在街上挖地掘土施工的英国工人，对李光耀说，"他们在短短三个小时里就喝茶休息两次，过去和战争期间他们的工作态度就不这样。现在他们不愿意卖力工作，国家是不会进步的"。

又有一次他对李光耀说："你是华人，你们华人有数千年的悠久文化作后盾，这是极为有利的条件。"

1949年6月，就在李光耀完成学业，将要离开剑桥大学时，有一天早晨，比利·撒切尔邀请李光耀和柯玉芝最后一次聚会，在一起喝咖啡。

聊天的时候，他轻拍一下柯玉芝的手，然后看着李光耀，真挚地说："他太急躁了。别让他老是这样匆匆忙忙。"他对李光耀的性格看得很透彻；经过了诸多交往，他也知道，李光耀是这样的人——一生将会有个为之认真奋斗的目标，而且一日不实现便绝不会罢休。

毕业典礼完毕后，李光耀和同学们开香槟庆祝了一番。另一位法学院的讲师 T·伊利斯·刘易斯博士也来参加。他们都很亲切地叫他 TEL（姓名第一个字母的缩称）。他教过李光耀和他的同学，是英国威尔士人。他有副讨人喜欢而显得滑稽的面孔，秃头，细微的白发散在两边，脸上戴着无框眼镜。

他半开玩笑半认真地对李光耀和柯玉芝说："如果你们生的是男孩子，就把他送到三一法学院来。"

1952年李光耀的大儿子李显龙出世。出于对三一法学院的感情，李光耀果然写信给三一法学院的高级导师，给儿子预订了一个学校名额，而李显龙后来也果然进入三一法学院就读。

被误认为是共产分子

李光耀在英国求学的时候，也和在伦敦的马来亚共产党的一些人士有过接触，例如林清水，是个坚定的共产党人和理想主义的革命者。有时候，林清水和李光耀相约，到伦敦工人区的酒吧一起喝酒聊天。

李光耀还经常和柯玉芝一起到伦敦的中国协会去参加一些活动。恰在这时，中国大地上，中国的共产党人指挥人民解放军正取得节节胜利，随后建立起了新的共和国。

结果，李光耀接到新加坡警察总监福尔杰的一封信。

原来，李光耀已经引起新加坡殖民地政府政治部的特别注意。他的名字被列在了他们的监视名单中。

李光耀反思了一下原因，大概是因为他在马来亚大厦发表了一些反英反殖的演说。同时，和在英国的欧、亚共产党人有过一些接触。他被殖民地政府怀疑是亲共分子。

殖民地政府政治部的人知道李光耀不是在闹着玩，而是很可能会投身政坛的人。但李光耀自己倒觉得光明磊落，他本人也并没打算在英国或殖民地干一番闹革命的事业。

完成学业

1950 年 5 月，李光耀和柯玉芝去伦敦去参加律师资格的最后考试。

那是一个周末，恰好一大批英国球迷也入住李光耀他们下榻的旅馆。在房间时，只听得旅馆的大门小门从早到晚被这些兴奋和骚乱的球迷踢得"砰、砰"作响。考试结果出来了，李光耀获得二等文凭，名列第三，柯玉芝则获得三等文凭，一切还算顺利。

1950 年 6 月 21 日，李光耀和柯玉芝根据典礼的要求，戴上假发，穿上礼袍，在中殿法学协会的宴会大厅里，获颁律师资格。

他知道，他的生命即将由此进入一个崭新的阶段。

◆第二篇　从殖民地居民到国父

1 踏入政坛

英国人、英国人的文化、英国人的教养、英国人的政治制度给李光耀的印象好极了。

如果不是日本人打进来，很可能李光耀后半生的打算是，在英国人治下做一个顺民，通过认真工作，有一天进阶到殖民地的上等阶层，就像他的祖父辈那样。在东南这个马来人占绝对优势的地方，让强大而彬彬有礼的英国人维持统治，对身为华人的李光耀来讲是件好事。

在日本人打进新加坡后，进行了残暴严酷的统治，两厢对比之后，李光耀对英国殖民政权更有一种无比留恋和怀念的情绪。

但另一个心理上的冲击来了——大英帝国居然也会吃败仗，原来英国人也不是万能的。这时，一个本来还可以容忍的问题，这个时候似乎变得不能容忍了——那就是英国人处处高人一等的姿态。

从这一刻起，李光耀对世界的看法也逐渐在改变着。一个个体在一定的情势下也许不得不仰赖俯就于强权，但一群人，一个民族，一个国家必须要有自立的力量、自主自己的命运。

他的政治生涯，便从当律师开始了。

律师在西方是一个特殊的行业。西方历史上的政界，很多大政治家都出身于律师，或者有法律专业的教育背景。最著名的，如美国总统林肯。以美国为例，迄今为止的 44 位总统中，其中有过律师职业经历的有 23 位，足足占了一半还多。律师成为政治精英，俨然成为西式政治文化中的一个奇特的现象。

李光耀也走了由律师到从政的路子。

回家

时光转眼到了 1951 年。

新加坡码头，一艘来自英国的客轮缓缓地靠岸。船上的旅客既有英国人，也有华人，络绎不绝地从舷梯上走了下来，与前来迎接的人混做一团。一时间，码头热闹非凡。

旅客们几乎都下了船，只剩下一个高瘦的华人青年和他的女伴还在船舷上。他们正受到入境审查官的特别盘问。

虽然一时下不了船，但他远远的向码头上已等候多时、前来迎接他的亲人们挥手致意。

英国人入境审查官让他们一直等到最后，才查看他们的护照，然后莫测高深地说："李先生，我想我们会多了解你的事。"

这个青年就是李光耀，陪伴他的是妻子柯玉芝。

这个时候谁也不会料到，这个年青人在未来的风雨世纪里，

年青的李光耀（后排中）与父母及弟妹合照

将缔造一个新的国家——新加坡，并在漫长岁月里领导他的人民建设出一个世人艳羡的花园般的国家。

李光耀没有过于和审查官计较，回家的喜悦很快就冲淡了这小小的不快。

后来在掌权新加坡很多年后，李光耀接触到了当时政府的保密材料，才知道被盘查的原因，居然是政治上的。

他在英国的时候，曾在马来西亚大厦发表过反英国殖民主义的演说，引起了英国殖民当局的注意，同时，英国人怀疑他是亲共分子。前者确有其事，而后者对李光耀倒确实是天大的冤枉。

进入律师生涯

在英国四年，李光耀已经适应了凉爽干燥的气候。一下子回到热带的新加坡，8 月份的高温和潮湿李光耀反而适应不过来，刚回来的一段时间里整天困倦无比。

晚上睡觉的时候，他把卧室里的吊扇调到最快，把落地窗全都打开、房门半掩保持空气流通，却还是无济于事。最初几晚汗水湿透了睡衣，不得不起身三四次，用冷水淋浴并更换睡衣，搞得筋疲力尽。

新加坡比起他几年前离开的时候发生了很多变化：街道上汽车多了，商店里物品丰富了，食品也增加了。

他开始外出探望以前的朋友，重新建立起和他们的联系。

由于本地报纸曾经特别报道了李光耀回来的消息，而且对他和柯玉芝在剑桥大学取得优异成绩的事也做了显著的报道，引起当地著名华人律师王长辉的注意。他主动问李光耀是否有兴趣到他和英国人雷考克所设的雷考克与王律师馆（Laycock & Ong）当见习律师，双方一拍即合。

60 岁的雷考克是英国约克郡人，在英国取得律师资格后，30 年代初期开始在新加坡执业。他身材矮胖，精力旺盛，一天到晚满头大汗，用一条大手帕在头上抹了又抹。他答应在见习律师期间，每月给李光耀 500 元薪水。

李光耀决定马上就上班。他定做了几件适合在热带穿着的衣服，但每天还是汗流浃背，而又要回到有冷气空调的房间，因伤风咳嗽而病倒了好几次。

打赢当律师的第一仗

1952 年某天下午，穿着邮差制服的三个马来人和一个印度人到律师馆来找李光耀。他们是当地的邮差派来的代表。

"我们要聘请一位律师，代表我们和政府谈判"，他们告诉李光耀。

邮差们联合向政府提出了改善待遇的要求，但一直得不到回应。李光耀耐心听了他们的述说，觉得他们提出的改善待遇的要求很合理，经过与合伙人商量，连律师费用的问题都没有考虑就答应了下来。

这不仅仅是一桩普通的法律案件，李光耀的目光看得更远。

现在的李光耀，本人无论从出身和职业上，这个时候都算得上是新加坡的精英阶层。但是，他深知，基层群众的力量不可小视。要实现自己的远大设想，就要团结一切力量，与新加坡的各

1952 年，李光耀的第一个孩子——儿子李显龙出生。
图为李光耀夫妇与长子显龙在欧思礼路家中。

阶层打成一片。更何况工会有着发动群众的巨大潜能。

李光耀以律师的身份出面代表邮差们和殖民地政府的英国管理人员谈判，谈判持续了好几个月。

英国人告诉李光耀，"我们只能把新加坡邮差的工资，调整到跟马来亚邮电工人相同的薪金率"。"但是，新加坡邮电工友的工作比马来亚的邮电工友繁重，而且新加坡的生活费也比马来亚高"，李光耀据理反驳。

英国人不肯退让，双方最终没有谈拢。邮电工人决定罢工。

在一个星期天的上午，新加坡邮电工会开大会，进行总动员，大约 450 名邮电工人到场，几乎全员出席。

李光耀作为替工人说话的律师，在工人的大会上讲话。李光耀一方面为大家打气，让大家知道，有一个了解他们所有要求的律师正准备替他们出头，维护他们的权益。另一方面，李光耀也给予工人们有关法律上的建议和斗争策略，鼓励工人们通过合理合法的方式争取同情，达到目的。

李光耀特意用马来语和工人们交流。由于出席大会的工人以马来人占多数，只有五分之一是华人和印度人，而且他们都听得懂马来话，交流很顺畅。大家听从了李光耀的劝告，准备在不违背相关政府法令规定的前提下进行罢工。

就在 5 月 13 日罢工开始前，已经从英国回来的吴庆瑞安排李光耀在安珀路中华游泳会会见这时正担任《新加坡虎报》副总编辑的拉惹勒南。拉惹勒南是马来亚人，在伦敦呆过 12 年，战后回到东南亚。他积极支持反殖事业，经常在自己的报纸上发表各种反对殖民主义的文章，后来成为新加坡政府的重要领导成员。

李光耀在游泳池旁边向他解释了罢工的背景，四周不时传来音乐和泳客的喧闹声。拉惹勒南也一直在找一个合适的话题，借以向殖民地政府挑战。邮差罢工是一项正义事业，二人一拍即合，由拉惹勒南在报纸上发表相关的消息和言论，配合这次罢工。

罢工第一天，殖民政府派出大批带手枪、身挎阔头弯刀的廓尔喀警察，前往新加坡的邮政总局警戒，警车和巡逻车络绎不绝地开到那里，严阵以待。但并没有出现人们最担心的暴力冲突，邮政工人们按照事先和李光耀商定的方案，进行了有秩序的罢工示威活动。

拉惹勒南在《新加坡虎报》连续发表的社论中，以冷嘲热讽的笔调，尖锐地抨击殖民地政府的种族偏见。他在社论中质疑，"为什么外来的英国人总是有权获得比本地人更好的待遇——政府给外来的英国人每人1000元的津贴，却拒绝邮差每月10元的加薪？"。

李光耀不时打电话给拉惹勒南提建议，及时告诉他街头抗争群众和新加坡民众对于罢工的反应。拉惹勒南则要李光耀帮助检查他社论的论调和激烈程度是否恰当，并把社论的文字样送到李光耀家，请李光耀提意见。两个人经常讨论到午夜以后，在他的报纸快要出版之前才结束。两个人保持着高度的默契，并与英国人主管的《海峡时报》展开辩论，争取占据社会舆论的上风。

李光耀也在报纸上发表和罢工有关的文章，但表达方式大不一样。李光耀的文风看似轻描淡写，却处处一针见血，但又彬彬有礼。

罢工期间的新加坡邮件堆积如山，民怨沸腾。由于李光耀的建议，邮差们始终采取了温和抗争的方式，人们纷纷对罢工工人表示同情。华文报《南洋商报》和《星洲日报》也被调动起来，表达对工人的支持。

罢工接近一星期时，反对政府的社会舆论变得更强烈了。殖民地官方开始有些惊惶失措。新加坡的辅政司提出建议，"一旦雇员恢复工作，我们便继续和他们进行谈判"。

但李光耀回答说，要是工人取消了罢工，谈判又失败，他们就可能得进行第二次罢工。"这种局面重复多次的话，罢工就会变成闹剧，而罢工是工会进行集体谈判的最后武器。"李光耀说。

辅政司的主管答应只要 500 名罢工邮政工人到邮政局报到、复工，他就会亲自同工会代表谈判。在这种情况下，李光耀建议工会领袖转变立场，宣布停止罢工三天。

这就给辅政司和他的官员挽回了面子。谈判在 5 月 26 日上午 10 点恢复，持续了五个半小时。争议中的六点，有四点当天就解决了，其余两点第二天也解决了。工会和政府接着签署了协议备忘录。

这个时候的李光耀，已经不再只是那个刚从剑桥获得学术荣誉回来的年轻人和一个莽撞的年轻律师。新加坡人看到李光耀这个年轻的律师怎样跟罢工工人打交道，倾听他们的呼声，怎样引导他们抗争、替他们在报纸上发声、和政府谈判，并且使工人们没有诉诸暴力对抗的手段便达到了目的。人们开始熟悉李光耀这个名字。

通过这次抗争，李光耀和他的朋友们取得了号召政治力量、动员群众支持的经验。

寻找奋斗的方向

新加坡的政治氛围令李光耀感到灰心丧气，甚至义愤填膺。

赶走了日本人，这个时候的新加坡，又恢复了英国的统治。时代大不相同了，但李光耀回到的地方，来自英国本土的白人仍然占据着政权的高位。

在这样的体制中，殖民地的本地人永远没有进阶高位的机会，在政府和管理机构里只能任职一些中低级的职位。地区的治理方式、政策的制定，几乎都是英国的白人说了算。

英国人在制定政策的时候，并不以殖民地的繁荣为第一优先，而是以英帝国的利益为第一优先。在殖民地，华人以及其他种族的人只能是二等公民。这些英国殖民官员施政的唯一目的，是利用殖民地的资源充实大英帝国自己的实力。李光耀越来越深刻地认识到这一点。

新加坡的最高权力，掌握在殖民地总督和下设的辅政司、律政司手中。总督之下设有一个立法议会，25 个议员当中只有 6 个是当地选出的。其余不是由英国官方委派，就是由政府官员担任，而以辅政司为首。

1951 年，民选议员人数增加到 9 个，但是他们没有决策的权力。在民众眼里，他们毫无地位可言，所以每次市政会或立法议会选举，投票人数都少得可怜。

李光耀在英国期间，曾经读过伦敦星期日报纸《观察家报》驻东南亚通讯员帕特里克·奥多诺万的报道。他形容战前一代的亚洲留学生，不论在情绪上或心理上，都不愿意为殖民地民族的自由而战。这些旧的殖民地精英们认为自己没有能力立刻接管和治理一个独立国家，而是需要再累积多年的经验才能办到。

这正像李光耀看到的一样，他们连站起来争取本身的权益都做不到，就更别提站起来跟英国人对抗了。

其实百多年来何尝不是一直如此呢？改变的契机正在萌发着。

李光耀的老板雷考克是当时新加坡的主要政党——进步党的创始人之一。

这个党的领导人多数是 30 年代在英国念法科或医科的留学生。这批人有个共同点，对英国的价值观佩服得五体投地，就像李光耀的祖父一样。在他们看来，凡是英国的东西，样样都是十全十美的。

李光耀的朋友贝思形容他们为"在奴颜婢膝中长大的人"。

贝思也在英国留学，并曾跟李光耀一同搭乘"威廉勒伊斯号"从英国返回新加坡。他是个欧亚裔，在政府秘书处工作，很厌恶英国同事高人一等的姿态，李光耀每次晚饭后到政府宿舍探访他时，两人总是把满腹的牢骚尽情发泄一通。

李光耀继续在律师馆工作，跟随雷考克到最高法院处理他所办的诉讼案件。

1951 年 2 月，雷考克心无芥蒂地要李光耀担任他参加立法议会选举的代理人。李光耀答应了，他想的是，这可以让他借机了解一下新加坡当前的政治运作方式。

提名日定在 3 月 8 日，但新加坡的市面上却看不到什么与选举有关的景象。这也难怪，在 1948 年新加坡的立法议会选举举行时，新加坡共有 20 万名合格的选民，但其中只有 23000 人前往投票，当中将近一半还是印度人，而印度人最多只占新加坡总人口的 6%。新加坡岛上的绝大多数华人群众对于议会选举没有什么兴趣。理由很简单，他们没有投票权，即使有投票权，殖民地的议会选举都是用英语进行的，华人们大多根本不会讲英语。这在李光耀看来，这种所谓的民主选举真是荒谬。

这次选举中，雷考克以微弱优势当选。进步党总共赢得六席，劳工党两席，独立人士一席。新加坡殖民地议会的竞选活动，虽然程序和方式都是模仿李光耀在英国本土所看到的模式进行的，但在李光耀看来，模仿得拙劣极了，徒有其表而无其实。

李光耀决定做点事，想看看在律师生涯中，是否能够打开通往政治生涯的大门，以改变这种在他看来是很可悲的局面。

他热切得盼望着他的朋友们，特别是吴庆瑞和杜进才，早点从英国回来，好共商大计。

想建一个党

不久李光耀的一些老同学、老朋友陆续完成学业，从英国归来。

吴庆瑞、杜进才、拉惹勒南、贝恩和李光耀五个人，经常在新加坡的欧思礼路李光耀家的底层饭厅开会，讨论在新加坡成立一个新的政党的可能性。

原因很简单，既然想不通过暴力手段，而是通过议会斗争夺权，从而取得施政的资格，实现改造殖民地的理想，那就需要组党，通过选举这种现有制度内的合法手段进入新加坡殖民地政权的权力核心。

热带的新加坡，空气闷热得让人难受，但大家个个儿精神焕发，群情激愤。

一番商讨之后，他们给这个新的党起了一个名字——"人民行动党"。从名称上也能看出来，李光耀等人不想建立一个高高在上的贵族党派，而是要代表殖民地的利益，代表占人口多数的大众的利益。但是这个名称又显得温和，因为他们不打算走革命的路线来改变殖民地的现状。

"我们下定决心，要跟因循苟且、软弱、投机和专谋私利的政党以及当时在立法议会和市议会里的一伙人完全不一样"，李光耀回忆当时讨论的情形。

李光耀的统一战线

李光耀说自己在政治上是一个社会民主主义者。

他对英国式的政治运作方式欣赏得不得了，但又认为这种方式还存在着诸多问题，比如低效、高福利导致社会的懒惰。在李光耀的理想中，新加坡既不要搞苏联的那种社会主义，也不要照搬英国人的那一套。

这种政治上所表现出来的务实和灵活性，使得李光耀后来在新加坡推行一些高风险政策和措施的时候，没有引起大的社会动荡。

就像共产党人善于建立统一战线一样，李光耀也打算搞统一战线。而他统战的对象之一居然就是共产党。

他一方面想办法要把左翼的力量纳入自己的人民行动党，另一方面，又小心翼翼地不使自己失去主导权。一个最恰当的词就是——利用。

这一时期，殖民地政府在新、马两地颁布了"紧急法令"，专门针对在殖民地的共产主义运动。马来亚的共产党被认定为非法，转入了地下。

1951 年 1 月，报纸报道了一批共产党人被捕的消息。被捕者包括前马来亚民主同盟副主席约翰·伊巴、新加坡教师公会秘书蒂凡那和马来文日报《马来前锋报》的编辑主任沙末·伊斯迈。拘捕正是依据"紧急法令"。

事实很明显，马来亚的共产党组织也吸引了一批受英文教育的知识分子加入。

尽管在新加坡殖民地，受英文教育的知识分子实际上受到了殖民地政府相对优厚的待遇，他们可以在殖民地政府任职，或者从事一些属于上等阶层的职业，但还是有一些满怀理想的知识分子有民族独立自决的意识。当地的共产党以反殖民主义者为宗旨，吸引了这些殖民地的知识分子。

这个时候，李光耀的活动圈子还主要是和他一样受过英式高等教育的一些人，再就是一些想谋求独立的马来人群。如果李光耀和他的伙伴们不能动员这股力量，对这股力量置之不理，这将使他们缺少了一类重要的盟友。在李光耀看来，他们就会被纳入共产党人的旗帜之下。

还有一股更为重要的力量——华人。

众所周知，华人在新加坡地区占人口的大多数。李光耀本人就是纯正的华人。如果能得到广大华人的支持，那不但是至关重要的事，也是再好不过的事。怎么打通和广大的底层普通华人的联系通道？李光耀在思忖着，机会却自动送上门来。

1954 年的一天晚上，几个在新加坡的中文学校就读的华人学生来家里找李光耀。男孩儿穿短裤，女孩儿穿裙子，都是学校的校服。他们想请李光耀替他们一些被抓的同学辩护。这些同学被法庭判了罪，罪名是警方下令学生解散时他们阻挠执法。

事件的起因是，1952 年英国人在新加坡和马来亚实施"国民服役法案"，规定所有 18 岁到 55 岁的男性必须应召参加武装部队、警察部队或民防部队。华侨中学的学生向新加坡的代理辅政司递交请愿书，要求集体免除服役。这激起了学生们的游行示威。

1954 年 5 月 13 日，来自中正中学的 500 多名华人中学生跟警方发生冲突。他们派出了一个代表团前往总督府递交请愿书，反对国民服役登记，但被总督一口回绝。警察出动，阻止游行队伍前进，下令他们解散，双方发生了混战，共有 26 人受伤，48 名学生被捕，其中两名是女生。

在新加坡，有很多用中文授课的华人学校。这些学校都是当地的华人、华侨们自己筹款建立的。在官方中文毫无地位。但大量祖辈来自中国大陆的华人需要有受教育的机会。于是，他们自己出钱从中国请来老师，甚至使用中国出版的教科书，用广东或福建地区的方言教育本地的华人子弟。

他们几乎是新加坡的另一番天地。

殖民地官方对这种学校的态度一般是任其自生自灭。在华人学校毕业的学生可以到使用华人语言的机构找事做。这些机构是华人的商店、餐馆、商行，以及几家由华人开设的银行。也可以转到英文学校继续读下去，但在官方领域里，受中文教育者没有什么地位。

政府开办以英语和马来语为教学媒介的小学，中学只用英语作为教学媒介语。

马来亚一带的华人觉得受到了上流社会的排斥，一般倾向于支持马来亚地区左翼的共产党人。李光耀看到，共产党人在华人群众和学生中间有着超强的组织能力和凝聚力，几乎得到了整个华人社会的支持，他们把殖民地政府看做自己的敌人。而这正是李光耀必须要为自己争取的力量。

由于要为华人学生在法庭上辩护，李光耀和他们打了很多交道。这让他接触到了一个和英式学校学生完全不同的世界。

在他眼里，这些受中文教育的学生中，有那么多活跃分子，生龙活虎；有那么多理想主义者，他们不自私，准备为更美好的社会牺牲自己的一切。

在李光耀看来，他们一心只想推翻殖民地政府，建立一个平等和公正的新世界。这和李光耀所熟知的英式知识分子形成了鲜明的对比。

但对于学生领袖以及共产党人给学生们指引的暴力命运的路线，李光耀却十分担心。

辩护的结果不出李光耀所料。殖民地政府的法官维持原判。但是他说，如果年轻的学生签下保证书，保证 18 个月内行为良好，他会撤销监禁刑期。

李光耀想，如果自己不和这些干劲十足的年轻人结合在一起，共同奋斗，就永远不会成功。而学生们也需要李光耀这样愿意站出来为学生说话的富于热情的律师。学生们聘请过其他律师，他们不热心政治，也不愿像李光耀那样准备跟政府对抗，而只愿意就事论事，处理法律上的事务，不牵涉政治。

每当学生们跟政府发生冲突，或者在集体活动的时候受到政府阻挠，从集合时被烫伤到申请举行公开集会的许可证等问题，他们都到欧思礼路来找李光耀给他们提意见。

无论他们什么时候到，李光耀都没拒绝接待他们。李光耀决心要争取这种力量，主要是从左翼人士手中。

学生们在群众当中表现出来的纪律以及学生领袖的力量和献

身精神，李光耀本以为都是自发的，是源自年轻人的热忱和理想主义。从 1954 年到 1956 年，李光耀在两年时间，逐渐了解到他们背后的力量——马来亚共产党的组织。匿名的马来亚共产党是学生们一系列活动背后的策划者和组织者。

在 1941 年到 1945 年的战争期间，英国人的军政势力完全被日本人打垮、赶跑了。但是是同为亚洲人的日本人并没有给东南亚的民族带来解放，而是成了另一个高高在上的统治者，而且这个统治者残暴无比，残酷地对待当地人民。这一时期，共产党人挺身而出，组织当地人民建立起游击武装，袭击日本人，进行了不屈不挠的斗争，在当地人中间树立起了威望。而且也得到了那些英式知识分子精英的同情。

这个时期，由于身在东南亚的大量华人民众，基于对中华故国的感情，用各种方式支援中国的抗战，积极响应当地共产党人的号召，参加当地的抗日组织，投身到对敌武装斗争中。

战争结束后，英国人又打了回来，取得了战争的最后胜利，试图在当地重建当年的殖民地秩序，恢复大英帝国的版图。这是上层的知识分子精英愿意看到的。但是，与当地的知识分子精英生活优裕、地位显著不同，共产党人代表了殖民地底层人民的利益和诉求，有着广泛的群众基础。而且，与殖民地那些慵懒的政府官员和组织比起来，共产党人的组织严密、坚强，纪律严明，更善于发动群众，为了理想奋不顾身，具有很强的战斗力。

李光耀无疑看到了这一点。他要想办法打通与华人群众的联系管道，为自己未来的党打一个更广泛坚实的基础。

1954 年下半年的一天，李光耀主动联系到了当地华人工会的领导人，他们是林清祥和方水双，亲自到家里来见李光耀。这下子李光耀来劲了。他们在客厅、走廊上畅谈了一番。

在李光耀看来,他们衣着俭朴,但彬彬有礼、热切诚恳——方水双的衣着甚至有点褴褛。但从他们的面容和举止上,李光耀能感受到他们的热忱和献身精神。

李光耀说,"我打算组织一个政党,代表工人和权利被剥夺的人,尤其是受中文教育的人,目的不是为了夺权,而是为了暴露殖民地政权的腐朽,暴露当前宪政的缺陷,打垮台上的政党。"李光耀告诉他们,准备在 11 月份发起成立"人民行动党"。

经过一番你来我往的商讨,新加坡巴士工友联合会的方水双同意成为会议召集人,林清祥暂时不参加。

这个结果让李光耀心满意足。他想,方水双加入的话,新政党将在当地有比较广泛的工人阶级的基础。得到殖民地上层知识精英的支持对他来讲毫无问题,因为他本人就是他们中的一个。现在,他又有了一些华人会馆、工会组织、行业公会的同路人。

人民行动党建党

这年 11 月,李光耀和同伴们正式宣布成立"人民行动党",这个名称既亲民,又务实。

李光耀说服了当时的马来民族统一机构(简称巫统)的领袖东古拉赫曼到成立大会上发表演讲。但东古拉赫曼不希望李光耀参加马来亚联邦的政治活动,而是把政治活动局限在新加坡地区。

东古拉赫曼作为一个马来人领袖,希望的是当地的华人最好不要凝聚在一起,而是分散在小地区里,最好是一盘散沙,安于当一个乖乖听话的少数民族，不挑战当地马来人的地位和利益，也好让马来人容易应付。但这是李光耀不得不团结的一个力量，毕竟，马来人对于新加坡的影响可谓举足轻重。

11月21日星期日上午10点，李光耀和朋友们在新加坡的维多利亚纪念堂召开成立大会，一直开到下午一点。

那是个湿热的上午，会场上坐满了人，但不是爆满。人人都坐在藤把木椅上。会场没有热情洋溢的气氛，也不算紧张。这倒真是想走温和路线的李光耀想看到的一种氛围。

来自工会的支持者占了大约三分之二的座位，其余是来自其他政党的观察员和有兴趣的外人。几个主要的创党者上去念了念讲稿，而不是发表滔滔不绝、热情激烈的演讲。大家穿开领衬衫，华人领袖陈祯禄穿西装便服，后来的马来西亚"国父"、第一任首相东古拉赫曼穿马来族礼服——扣上纽扣的绸上衣，宽松的裤子，臀部系一块装饰性的沙笼。

会议开得算是顺利。当地的媒体进行了客客气气的报道。《新加坡虎报》报道有1500人，《海峡时报》说有800人参加。

下一步就是为议会选举做准备，殖民地当局宣布的选举日期是1955年4月2日。

投入竞选

英国在新加坡的殖民当局同样在关注战后殖民地局势的发展，他们知道殖民地的民族追求独立的运动日趋高涨。

1953年，新加坡的英国总督委任英国前驻比利时大使林德爵士主持一个委员会，检讨新加坡的宪制，并对宪制的进一步改革提出建议。

在 1954 年 2 月 22 日公布的报告中，林德建议所有在新加坡出生的英籍民自动登记成为合格选民，这就大大增加了具有投票资格的选民人数，扩大了政府的合法性。

报告还建议由九名部长组成的部长会议将成为新的行政会议，其中六名由民选议员担任，他们将由多数党领袖提名。除了在外交关系和防务（包括内部治安）这两个领域，部长会议的决定总督必须接受。部长会议只对立法议院负责。立法议院共有 25 个民选议席、6 个官委议席和 3 个当然议席。

英国总督接受了报告的建议，定于 1955 年 4 月的选举举行时付诸实施。

人民行动党的领导人们经过热烈讨论，选定了五名候选人：除了李光耀之外，林清祥角逐武吉知马区，蒂凡那角逐花拉公园

李光耀和妻子柯玉芝、儿子李显龙在车上

区，吴秋泉角逐榜鹅区。方水双出生在柔佛州，不能当候选人。阿末依布拉欣以独立候选人身份角逐三巴旺区，军港工人在该区的选票将起决定性作用。

这个时候，李光耀的竞争对手跳了出来说，"按照规定，候选人过去10年里必须在新加坡居留满七年，李光耀由于这期间在英国呆了几年，不符合规定"。

李光耀笑着回应，"有的人在英国出生长大，在新加坡住满七年便有资格当立法议员，我在新加坡土生土长，除了在英国四年以外，一生都在这里度过。如果我没有这样的资格，那地球一定是方的，不是圆的。"

另一个竞选对手也在报纸上找李光耀的麻烦。他质问，"身为华人的李光耀，既不会写中文，甚至念都念不了，哪有资格代表华人选民？"

这倒一下子把李光耀给窘住了。日治时期，为了读懂日本人写的中文告示，加之对日本人的愤慨，李光耀还真是下工夫自学了几天中文，可是总的说起来对中文的掌握还是太差。

但李光耀首先反驳这个对手，"要是这么说的话，既然泰米尔语和马来语这位先生也同样读不来、也写不来，从逻辑上说，这是否意味着，他也不打算代表丹戎巴葛区的马来和印度居民？"

他又说，"在议会为民众做事，候选人的英语必须说得好，精通英文工作效率会更高。"

话是这样说，但是新加坡地区的特点是各民族聚居，不同种同文。如果能得到更多选民的投票支持，那是谁也求之不得的事。

这次竞选活动，跟1951年李光耀在加东担任雷考克的选举代理人的情形完全不一样。那次选举几乎就是上流社会的活动。

在新加坡出生的人自动登记成为选民后，1955年共有30万选民，六成说华语和中国的方言，其次是马来语，最后才是英语。在各民族混杂的群众中，听得懂马来语的人最多，听得懂英语的人最少。说英语的是新加坡社会的上流人物，最接近权力中心，但是选票有限。

李光耀心思活跃，他装做漫不经心的对外说，华语、客家话和福建话他能读、能写、能说，说马来语、英语更不在话下。这话半真半假。

李光耀记起外祖母曾希望他在中文学校学中文，但当时李光耀没听她的话，这时不禁有些懊悔。现在非得说点大话不可了。李光耀会写一些汉字，但是多数忘记了，他的客家话和福建话实际上很差，只能说三两句，他发誓要弥补。

李光耀到一个广东人聚居区万达街出席群众大会时，临阵磨枪，一个友善的《新报》记者易润堂替李光耀写了两段话，原来只要三分钟便讲完，但他花了几个小时教李光耀把这几段用中文读熟。结果大会上李光耀成功地用中文说了几段话。李光耀没白费劲，大家听到李光耀讲自己的方言，都感到很亲切。

李光耀访问了填海路新加坡海港局的马来日薪工人宿舍，到处都是木屋，没有污水处理设施，没有排水系统，臭气熏天，李光耀一下子来到这个地区有点忍受不了。有人介绍李光耀认识当地的巫统领袖，他很快就让李光耀会见了住在那里的几百户人家的主要成员。他们答应把选票投给李光耀。

在纳喜士街和在现在丹戎巴葛坊所在地通往纳喜士街的各条道路上，是一排排破旧简陋的店屋。这里也是一片肮脏败落的景象。每到这里，李光耀也有种想作呕的感觉，和大家见见面，回到家里又是洗手，又冲个凉把衣服全换过，才坐下来吃饭。

共产党人的魅力

创党之初的人民行动党在组织上很弱，几乎毫无组织可言，没有支部和专职工作人员。和共产党人的组织力不可同日而语。

而李光耀的左翼盟友对李光耀的竞选并不给予实际支持。这真是让李光耀头疼。因为左翼人士有着自己明确的行动纲领和目标，由于当时的殖民地政府严密防共，当地的共产党人都转入了地下，他们只想借助李光耀的党取得参选资格而已。

这个时候，在马来地区最能使说华语或方言的人们激动起来的课题之一，就是维护华人的文化和传统，支持华人学校，这是出于华人的民族主义情绪。当地共产党人利用这个话题争取群众的支持。

在过去的立法议会选举中，竞选的政客讲话不愠不火、内容枯燥，没什么说服力。而且这些人通常讲英语，或马来语，偶尔才说不同的华语方言。

现在，取得选举资格的来自华人的左翼人士使用自己的方言——福建话、广东话、潮州话——毫不费力就引起了华人们的共鸣和热烈反响。

他们口若悬河，借用中国人熟知的成语和比喻，热情洋溢地向听众宣扬中华大地的伟大前景，使听众为之动容，精神为之振奋。这对身处新加坡的华人来说，真是再好不过的鼓动。

共产党人林清祥年纪很轻，长得清瘦，个头不高，娃娃脸，说起福建家乡话来娓娓动听。新加坡的年轻姑娘们对他崇拜得五体投地。他对群众演讲的主题，除了华人文化，再就是工人受到蹂躏、帝国主义者阴险恶毒，而殖民地政府分布的紧急法令限制群众的权利、言论和结社自由。最初人们对他还不太熟悉，后来一讲话总是引起极其热烈的掌声。

到竞选活动结束时，在人们眼里他已经是个魁力四射的人物，成为新加坡政坛不容忽视的人物，更是人民行动党内不容忽视的人物。

以最高票数当选

李光耀的机敏、温和、务实博得了人们的喜欢。

邮差们接连多天义务地坐在欧思礼路李光耀家前面的走廊上，为李光耀的竞选宣言写上地址，分寄给选民。在丹戎巴葛区，邮差替李光耀进行拉票活动，沿户分发传单。

一些商贩的组织也协助李光耀和他的伙伴竞选。一些在巴刹里卖鸡鸭的贩商公会会员，曾经因为在华人新年期间把过多的鸡鸭塞进绑在自行车上的篓子里，被警方控上法庭。李光耀请求法官饶了他们，因为这是农历最重要的节日。由于李光耀的介入，结果他们被处以很轻的处罚。他们对李光耀心存感念。

用柯玉芝开玩笑的话说，"哈里的帮忙者、拉票人员、演讲者是老实透顶的工人——邮差、书记、店员、一个摆食物摊的小贩……"

最热烈支持李光耀的是客家人总会和它的属下团体，如茶阳会馆，那是来自广东大埔的客家同乡的会馆。李光耀给这些团体当义务法律顾问。他们看到李光耀这样一个彬彬有礼的华人青年出来竞选，为他们说话，从感情上很喜悦，除了希望分享李光耀

1959 年，李光耀和他的拥护者。

的光荣之外，不期望得到任何回报。许多人来捐钱，有人送来一捆捆的白布，用作竞选布条。他们不要求什么好处或报酬，不过，那时候李光耀也没有什么好处或报酬可以给他们。

看到共产党人提出的宣传策略很有鼓动性，李光耀从共产党那里学到了关键性的一些政治宣传策略。

人民行动党也模仿共产党人以前的路数，抨击进步党是殖民地势力的走狗，民主党是资本家和人民的剥削者，但主要目标是对准殖民地的所谓白人"主子"。李光耀在自己的竞选宣言里写道："英国在马来亚的殖民统治，是这个地方许多社会和经济弊病的根源。"

事实证明，这个宣传鼓动的策略一招就灵，激起底层群众的强烈共鸣。

李光耀还想了个助选的招儿。想办法找汽车载选民到投票站。这个招数则是从英国人那儿学来的，一般选民坐他们的汽车到投票站的话，会感到不好意思，就会投票支持他们的候选人。这招儿对代表有钱人阶层的政党有用，因为支持者都有自己的家用汽车。

李光耀发动各种关系——弟妹、阿姨、客家邻居以及韩瑞生和他的兄弟等朋友，组织了一百多辆汽车。投票日李光耀让弟弟李金耀专门负责交通的安排。这是个艰巨的任务：当天许多汽车从新加坡各地集中到欧思礼路来，真是乱作一团，热闹非凡，再按拉票人员的要求到丹戎巴葛四处接载选民。

4 月 2 日投票，李光耀得到 6029 票，两名对手分别获得 908 票和 780 票，李光耀以绝对优势的票数当选。林清祥、阿末·依布拉欣和吴秋泉也分别当选。

蒂凡那输了，李光耀心中的一块大石头放了下来。李光耀有点儿小心思：如果没有蒂凡那，林清祥在纯粹说英语的立法议院里能发挥的作用大大受限——他的英语说得不流利，原来可以靠蒂凡那帮他，现在只好靠李光耀了。

总的选举结果是，劳工阵线赢得了 10 席，得票最多，它的领导人马绍尔因此当上首席部长。李光耀的行动党赢得 3 席，达到了自己的目标。其余 8 个议席归小政党和独立人士。

这次选举引起的最大冲击，是殖民地以前的老党一败涂地，进步党只赢得竞选的 22 席中的 4 席，民主党赢得 20 席中的 3 席，但这两党却是钱最多、选举工作人员也最多的。这让人们大跌眼镜。

大致说来，这两个党都代表当地的中产阶级和中产阶级的上层，但一个属于英国殖民地当权派，另一个属于在野派。民主党成员是华族进出口商、零售商、店主、银行家、树胶业巨子和锡业巨子，生活过得不错。在传统上，说英语和马来语的选民一般会把选票投给进步党；而说中文或方言的选民把票投给民主党。但他们的共同特点是维护和赞扬旧的殖民秩序。

李光耀的中间路线

李光耀必须继续赢得新加坡的华人群众的爱戴和支持。他和自己统一战线中的左翼人士在策略上有分歧，都在为自己争取民心。

李光耀极力主张走中间的温和路线，逐步达到殖民地独立自决的目的，但与人民行动党合作的左翼人士的方式更为激烈。他们的统一战线在经受着考验。

林清祥、方水双等共产党人坚持认为，要采取激烈的手段，不惜与政府和警察直接对抗，这样有利于鼓动提高民众的情绪，激起民众斗争热情。但李光耀却很谨慎。他想，这么一来，一定会引来殖民地当局的镇压，而人民行动党很可能被殖民地当局被封禁。

而这个时候，李光耀必须替群众运动中被当局抓起来的活跃分子在法庭上辩护，也不能公开表达对左翼人士的分歧，否则，李光耀建立起来的统一战线就可能会分裂。这对李光耀确实是一个考验，他面临着一个艰难的处境。

1955 年 5 月在新加坡立法院的紧急会议上，一些议员借这一话题向李光耀和他的党发难。

议员古德首先站了起来，把矛头直指李光耀。他说，"为了贪求权力……人民行动党以及暗藏在他们当中的共产党支持者和幕后人物，只希望看到暴乱、流血和工潮的发生。"

他又说："如果尊敬的议员相信，民主自治应该是循序渐进的，那么他就应该反对共产主义；如果他真的反对，就请他大声、清楚地说出来，不要支支吾吾，也不要进行巧妙的诡辩。"

他接着说，"他是在暴乱发生和人命伤亡之后才悲叹暴力事件的发生。让李光耀问他一句：在暴乱发生之前，他采取过什么预防的步骤？他是否问心无愧？或者是，他已经无法控制坐在他后边，指挥着人民行动党的武吉知马区议员（林清祥）？"

这番话尖锐至极，直指李光耀纵容甚至赞成殖民地的暴力革命，指人民行动党充当共产党人的工具，而且心甘情愿做他们的爪牙。

接着讲话的是出身英国的议员约翰·伊德，也表达了类似的质疑。

这两个人一发言完毕，李光耀马上站起来发言。"形势变得反而有利了，"李光耀心里想。他感到轻松了些，因为这两人都是英国白人，而不是新加坡的土著居民。

当时的社会气氛比较微妙，英国人正在受到挑战，社会上的民意中本就隐含着对英国人的不满。

"我们到这里来，并不是以囚犯的身份面对指控，或是以囚犯的身份对所犯下的罪行负责。"李光耀首先这样回应。

李光耀毕竟是律师出身，再加上良好的教育背景，和对英式议会风范的熟知，他说起话来，有条有理，沉稳但有力。

他继续以不屑的口吻说道："李光耀是以人民代表的身份到这里来，因此，李光耀将以人民代表的身份讲话。"

李光耀重申人民行动党的立场。

"我们是要以非暴力的方法摧毁殖民制度。我们发誓不采用暴力……我们不准备替殖民制度战斗，延长它的存在，或使它永远存在。但是只要把权力交还给我们，我们就会同威胁到一个独立、民主和非共的马来亚的生存的共产党人或任何其他势力搏斗。"他说。

实际上，李光耀的这番话，不仅仅是回应来自议会的质疑，也是在向他的左翼盟友表明态度。

这时，首席部长马绍尔站起来发言。他发言的份量在议会里是举足轻重的，大家都看着他。

由于李光耀在以前的发言过程中支持过马绍尔，这个时候，他就这个话题，讲了一些比较温和的话："人民行动党里有好些负责任、正派和诚实的人。如果他们能清除党内的共产分子和同路人——他们也知道党内有这样的人，如果他们敢于负起自身的责任，那么他们这个组织就可能会如他们所期望的，有一天领导这个国家赢得独立。"

这个时候，李光耀和他都没想到，这番预言在后来居然给应验了。

五十年代中期，新加坡的工潮此起彼伏。从 1955 年 4 月 7 日到 12 月的九个月里，发生了 260 起工人罢工事件。

虽然李光耀绝不会去参与罢工的鼓动和组织工作，不过，这些激进行动发展的结果却对李光耀很有利。

1955 年 6 月 19 日，新加坡印度裔的市政清洁工人酝酿着罢工，原因是，上一年提出的调整待遇要求没有结果。殖民地政府警告说，如果罢工，它将发出停工通告，同时雇佣承包商提供基本服务。双方谈判终告破裂，8 月 17 日罢工开始，并且罢工工人们发生了与警察的暴力对抗。

三天后，工人们的工会里一个印度人的领袖出面，请李光耀当他们的法律顾问。

李光耀表示，他李光耀为能当他们的法律顾问感到荣幸。

但是李光耀提出了一个条件，要他们以和平的方式进行罢工。工人们同意了。结果李光耀和政府的几次谈判下来，达成了很多双方满意的成果。劳资双方最终于于9月7日达成协议。

殖民地政府对李光耀的印象改观了。

9月8日，殖民地总督柏立基爵士向英国的殖民地大臣波蔼提呈交的报告中这样写到：

"曾经一度发生若干令人不安的粗暴事件，它的方式都是人们熟悉的，但是几天之后突然停止。这是否应该归功于李光耀，尚难确定，但事实可能如此。"

柏立基还说："人民行动党秘书长李光耀以工会法律顾问的身份，出面调停。事实上，他的调停对双方都有好处。他个人的地位也可能因工潮解决而大为提高。"

人们都看到了，李光耀坚持采取的是在现有的宪法体制内对抗的方法，是在法律允许的范围内行事。这跟新加坡的左翼人士和共产党人采取的方法大不相同。但结果却也大有成效。

但是事实上，如果单单靠李光耀这种温和派的个人的努力，也许英国人的殖民地政府可能对工人们的要求同样置之不理。

也正是由于共产党人在殖民地的法律之外，组织群众进行了一系列的暴力对抗，给殖民地当局造成很大的压力和麻烦，这时两厢对比之下，英国人的殖民地政府对于李光耀这样的温和反对派的接受度就增加了。换句话说，英国人倒更愿意向李光耀所代表的温和派屈服，而不是共产党人和左翼人士。

实际上，在整个马来亚的形势都是如此。正是由于左翼势力与英国殖民地政府的直接对抗，使得致力于在马来西亚失去独立运动的领袖东古拉赫曼这样的温和派最终为马来西亚争取到了独立。这是后话。

而从另一方面说，在当时的形势下，如果没有李光耀这样的温和派推动殖民地的自治和独立，而仅仅是当地的共产党人和左翼人士组织暴力命运和英殖民地政府对抗，则成功的可能性几乎没有，会引来毫无余地的镇压。

李光耀自己也知道这一点。他倒暗自庆幸。

在李光耀看来，同属英殖民地的印度，由于那里没有建立起有效的共产党组织，而是以李光耀这样的温和派人士为主流，导致印度争取的独立经历了几十年的漫长道路。

争着喊独立

罢工风尘一波接一波，这个时候，李光耀身处的殖民地议会也是风平浪静。来自殖民地的本地议员在议会里用另一种方式"响应"罢工风潮。

1955 年 7 月份，在殖民地选举中上台的首席部长马绍尔向殖民地总督柏立基要求，多设四个副部长的职位。当总督只答应多设两个时，他决定让争执公开化。他声称总督没有权力漠视首席部长的意见，而且扬言如果总督在采取任何步骤之前拒绝跟他磋商，他就辞职。他要求英国给予新加坡完全自治的地位。紧急法令已于 7 月 21 日期满，总督将有效期延长三个月，不过延长令必须在立法议院下届会议上正式通过才生效。马绍尔的交换条件是，英国"尽可能在最短的时间内"让新加坡实行自治。

在立法议院会议上，马绍尔把那位否决他的英国总督和英国的殖民主义体制大骂一通，然后转向李光耀，要求李光耀对他的动议表示附议。

由于马绍尔这时是政府里的首席部长，这对李光耀倒是一个荣幸，李光耀无法拒绝。

李光耀也直言不讳地说："我觉得很难想象有谁不赞成这项动议。本地人民决心摆脱殖民地公务员的管辖，他们是一个欧洲强国的代理人，为8000英里以外的欧洲人的利益服务。但是，我认为解决之道在于政治而不是法律。"

他们这么一发言，别的议员也坐不住了，有什么比这个议题更能博得民意支持？

进步党议员林坤德试图比李光耀和马绍尔表现得更积极，他干脆提出这样的建议："让我们……要求权力完全移交，好让我们，也只有我们，为本身的事务和命运负起责任，英国政府无须再对我们负责。"

接着他提出一项修正案，把马绍尔动议中的"自治"一词改为"独立"。换句话说，他要求让新加坡立刻"独立"。

进步党本来是主张以温和的态度逐步走向独立的，如今他故意表现得比马绍尔的劳工阵线和李光耀的人民行动党还要激进。

针对进步党文员的这番话和建议，李光耀在接下来的发言中不无嘲讽地说："今天我们真有眼福，看到老鼠变成狮子这么奇特的一幕……我简直不敢相信，一星期前某君在这里说，我们没有资格，也不适合告诉女王陛下的政府，她的代表应该接受本殖民地首席部长的意见，而在星期一……"

结果要求立即独立的修正案并未通过，要求立刻实行自治的原有动议则在议会里获得通过。

不同的政党在新加坡的议会内不断过招，但李光耀的视野可没有局限在议会内。

围绕华人语言的斗争

1955 年年中，李光耀把 3 岁半的儿子李显龙送到南洋幼稚园。

一天，李光耀和议会各党派的同事们一起到学校参观。李显龙在一群大人中间看到了自己的父亲，他满心以为李光耀到学校去找他，便飞快的拿起书包，准备要跟李光耀一同回家去。儿子的举动逗得在场每一个人都哈哈大笑。

新加坡的报纸上报道了李显龙在幼稚园上课的场面，新加坡人都知道了，李光耀的儿子在新加坡的中文学校上学。

其实，李光耀是有意把儿子送到了这家中文教学的幼儿园的。他深知自己不能切断和华人情感联系的纽带。而语言是最能增加这种情感认同的东西。

他需要人们知道，他李光耀的儿子在接受中文教育，这将大大增加讲中文或中文方言的社会群体对李光耀的尊敬和支持。

后来，他把二儿子李显扬和女儿李伟铃也送到中文学校，让他们接受中文教育，弥补自己在中文上的缺憾。而平时，孩子们在家里跟母亲讲英语；同时从 6 岁起，孩子们又开始在课余时间补习马来语。

族群问题在哪里都是极为敏感的，尤其是东南亚地区，马来人作为土著居民，占了人口数量的绝对优势；华人属于外来的移民，数量相对少很多，却拥有很大的能量，尤其财富方面。对于华人来说，祖辈漂洋过海来这里生根、成长，他们的后代生于斯长于斯，这里就是他们的家。

李光耀看得很清楚，他在一次演讲中说，"……所有华人都为新中国的成就感到万分自豪。一个政府能在五年内革除贪污腐败，使它顶得住美国人在朝鲜的武装力量，这样的政府是值得大力称颂的。蒋介石将军和国民党完了——只有一些零星的支持者还在谈论反攻大陆。"

但是李光耀接着补充道，"但我相信，一代土生土长的华人正在马来亚出现，他们接受华文和华族的传统教育，却持有马来亚人的观点。他们认为马来亚是他们的唯一家园。他们为中国感到自豪，正如魁北克的法国人为法国感到自豪那样。"

这番话，既照顾华人的感情，又表达出华人在新的土地上安居乐业的愿景。

但是新加坡的语言之争早就露出端倪，不但是一个民族文化和民族自尊的问题，早就成了一个政治问题。

在五十年代中期的新加坡，不但工潮不断，而且学生运动也很频繁。学生运动的主力，正是来自华人学校的师生，而不是其他语种的学校。

在当时，新加坡大约九成的的华人，如果受过教育的话，都是华文教育。但自从 1948 年殖民地政府颁布紧急法令以来，华族儿童进入英式学校人数剧增。1950 年中文学校学生比英式学校学生多了 25000 名，到 1955 年比数却反过来，英式学校学生比中文学校学生多了 5000 名。

勿庸置疑，华人们对于自己的母语有深厚的感情。英殖民地的官方语言——英语，对于新加坡的华人来说有一种陌生感。在很多华人看来，英语对于华人来说，不仅不是自己的母语，而且还是殖民主义的象征。

华人的学校普遍采用的是二战前旧中国大陆所采用的教材，来教育华人子弟。华人不但对自己的母语充满了感情，对自己的故土也充满了感情。在中国的抗战期间，他们或向中国军队捐钱捐物，或亲身回中国参加抗战，或在本地组织游击队打击日本占领军，很多人加入了当地的共产主义组织。

而这个时候当地的左翼人士也号召华人们坚持自己的文化传统，不要向所谓的殖民主义的文化政策妥协，并以此为题目不断在华人中增加自己的影响力。

议会中，以林清祥为代表的左翼与当地的华商、地方会馆领导人和中华总商会的领袖保持着密切联系，他们希望推动新加坡的立法院、议院采用多种语言，并把中文列为官方语言之一。

务实的李光耀不完全认同那些左翼领袖们的观点，他要想办法和左翼人士争夺群众。

所谓语言之争背后充满着政治之争。

首席部长马绍尔曾提到，有一个马来亚人告诉他："如果实行多种语言制度，你将把我们奉送给华人。他们会把我们淹没。"这就是当地马来族群民众的心态。他们虽然在马来亚整个地区占主体地位，但在新加坡可是属于少数民族。他们担心有一天华人会起来压迫他们。

这一时期，李光耀的设想是，实行三语制度，以马来语，即马来亚未来的国语，作为共同语，并以英语作为国际贸易和科学方面所用的语言，同时规定华语是华人的母语，泰米尔语、印地语或旁遮普语则是印度人的母语。他深知，虽然在新加坡华人占人口绝大多数，但在整个马来亚，华人是少数民族，不得不充分顾及马来人的感情。

1819 年英国人莱佛士开拓新加坡的时候，就在第一份市区规划图里以种族为基础划分了几个不同的地区，让不同的种族分隔而居，就连华人不同方言群也分开居住。英国统治者对不同种族的地区里使用各自的语言不加干涉，不规定必须用一种语言交流。

在李光耀看来，在一个多元种族、多种语言的社会里，想要使立法议院和政府能保持比较高效率的运转，就要有统一的语言，最好是英语，而不是各说各话，并因语言之争进一步引起族群之争。

在华人占多数的地区，李光耀如果公开提出这样的设想，会冒着失去华人群众支持的巨大风险。那他将结束自己的政治生涯，从此再无法一展抱负。

在议会里，不出所料，为了取得华人的支持以便谋求连任，劳工阵线的首席部长马绍尔提出建议，"为方便口头辩论起见，英语、马来语、汉语和泰米尔语应当成为议院的通用语言。"他急于证明他自己比华人更具有华人色彩，从而使当地的华人把他当作他们的斗士。

李光耀这个时候不得不把自己的真实想法巧妙的掩藏起来。

在针对华人群众的场合，李光耀这样讲述自己的经历："我小时候接受英式教育，准备将来到英文大学深造，但大学毕业后，我终于发觉我所接受的整套价值观基本上是错误的。"

接着李光耀引述了尼赫鲁说过的一句话，大意是说，尼赫鲁由于母语说得不像英语那样好而哭泣。李光耀说，"我可不是一个容易动感情的人。我不常哭……但是这并不表示我在这方面的感受不深"。

也就是说，李光耀对自己没有接受中文教育很后悔。但这样激烈的表达，更多的只是李光耀的一种策略。

他进一步说，"我的儿子不准备进英式学校，他将不会成为一个典型的英国绅士。当然我希望他学懂英语，足以跟父亲谈谈天气以外的事。"

李光耀的这番话很明显是针对华人群众而发。但这些话倒也不完全是为了拉拢选民，也确实能反映李光耀对中文的几分感情。

李光耀必须避免给左翼人士以借口，攻击李光耀是英国人的走狗，是个对中华传统无知之至、对英式文化推崇倍至的英国人的代言人，否则，李光耀将被华人唾弃，失去了华人群众的支持，他将在政治生涯中一败涂地。

不但话要说，事也要做，李光耀要证明给大家看。

这就是出现本节开头的那一幕，李光耀把自己的儿子送到中文幼儿园接受教育的原因。他要让人们知道，他李光耀虽然接受英式教育，英语说得比汉语还好，但他对中华文化的感情很深，他要让人们知道，他的下一代将回归中式教育。

2 新加坡独立

几年前，人们还从报章得知，新加坡曾经主动请求加入马来西亚，成为马来西亚的一部分。不仅如此，现在的新加坡也不排除这个选项。这简直有点让人匪夷所思。

人们不知道的是，新加坡从一开始根本没有想到成为一个独立的国家。历史上它曾热烈地拥抱马来西亚，但被马来西亚人毫不客气地一把推开。这是怎么回事呢？

一个主要的原因是，新加坡虽是华人的聚集区，但从大格局上看，则处在马来人的包围之中。华人在当地属于少数民族，但又是智慧、有才干、有力量的一群人。这是当年马来西亚人断然要把新加坡踢出联邦的重要原因。

但站在新加坡的角度，新加坡是一个缺乏腹地的小岛，连淡水都无法自给，仅靠自身的资源极难维系国家的生存。新加坡需要找一棵大树做依靠。

最终，李光耀和新加坡人选择了依靠自己。

谋求自治

提到新加坡和李光耀的历史，不能不提到一个人，他就是后来被誉为马来西亚的国父东古拉赫曼。

二战后初期的来福士大酒店。
图片虽然为黑白色，却丝毫不减其富丽与气派。

东古拉赫曼的父亲是马来亚地区的一个苏丹，作为马来人的王子，他得到了马来亚联邦九个州的绝对支持。这时东古拉赫曼已经是巫统的领导人。他年轻时在英国度过了九年的学生岁月，经常向李光耀谈起当年在英国的美妙时光。东古拉赫曼以亲英和反共而著称。

在英国人看来，东古拉赫曼是位能够获得马来人的坚决拥护和得到许多华人与印度人的有力支持的本地领袖。

这时候，马来亚跟新加坡一样，获得了有限度的自治。1955年7月，马来亚联邦举行大选，东古拉赫曼领导的巫统和马来亚的马华公会以及马来亚印度国大党组成的联盟，获得全面胜利。接着，东古拉赫曼推动马来亚最迟在1957年8月31日独立。

马来亚将要获得独立，新加坡怎么办，能不能搭上马来亚独立的顺风车？怎么能让英国人同意新加坡独立呢？

英国人的计划是，准许马来亚独立，由马来人进行自己治理，新加坡则无限期保留为英国的殖民地。这是因为，在英国人看来，新加坡处于海上交通要道，对英国以及英联邦的澳大利亚、新西兰具有战略上的价值。这样一来，新加坡充其量只能成为一个自治地区，在新加坡人看来，是徒有独立的外表却没有真正的主权。它的防务、内部治安和外交政策的最后决定权还是操纵在英国人手里。

这个时候，新加坡的首席部长马绍尔提出了这样的设想，就是让新加坡和马来亚合并成为一个国家，这样殖民地独立的顺风车就搭上了。马来亚独立，新加坡作为马来亚的一个地区，顺理成章的也获得独立。

可是巫统领导人东古拉赫曼可不同意这个设想。

假使在新的国家里，新加坡获得和马来亚平等的地位，"马来亚本土的马来人将会感到惊慌。英国人之所以把两个地区分开，主要就是为了保护联邦马来人的利益"，这就是东古拉赫曼的看法。

在他看来，马来亚和新加坡结盟，二者平起平坐，会造成马来亚的种族问题。也就是说，本来马来亚以马来人为主体，这个时候，多了一个以华人为主体的地区，无疑挑战了马来人的地位。

1956年1月，东古拉赫曼乘搭邮轮从新加坡出发，前往英国伦敦出席宪制会谈，会谈结束后，东古拉赫曼从英国殖民地官员手中接管了行政议会的所有职位，马来亚事实上已率先成为一个自治邦。

新加坡陷入孤立无援的境地。

几个月后，新加坡也派出以马绍尔为首包括各党派的代表团，前往英国参加宪制会议，商讨新加坡的前途问题。

出发前夕，李光耀发表了一份人民行动党的正式声明：

> "我们甚至希望在实现自治之前，就同马来亚合并……不幸的是，（马来亚）联邦首席部长（即东古拉赫曼）不同意我们的建议……现在我们只好独自在政治上为新加坡寻求最大的进展，但我们还是会争取同联邦合并。"

而和他同行的劳工阵线领导人马绍尔，则在出发前毫不含糊地说，"如果我此行争取不到独立，我就辞职"。在李光耀看来，这未免鲁莽，不切合实际。

会谈开幕了，英国殖民地大臣波霭冷静、但语气坚决地说，马绍尔"现在却寻求主权完整的独立。女王陛下的政府事先不曾受征询，也没同意从这个新起点展开讨论。"这给了马绍尔迎头一击。他后来不得不信守承诺辞去新加坡的首席部长职务。

1957年2月7日，马绍尔辞职后，林有福接任新加坡首席部长。几个月后他带领新加坡代表团再次来到英国谈判。五名代表团成员中，劳工阵线两名，巫统和自由社会党各一名，李光耀则代表人民行动党。

这次会谈的结果不错，新加坡也将成为英国的一个自治邦，并由新加坡人投票选出自己的议会，并由议会产生整套政府班子。

这下李光耀大展拳脚的机会终于将要到来了。因为，李光耀这个时候已经很自信，他的人民行动党将在下一次的新加坡大选中获胜。

他很肯定地告诉英国人，"可以预测，目前新加坡议会内占主导地位的劳工阵线的影响力将逐步下降，他们目前担任部长的人在个人政治声誉方面都不怎么样，完全无法招架新加坡的左翼人士的进攻。"

李光耀本人和左翼人士有过深度的合作，了解左翼人士发动群众的方式，并从中受益匪浅，他的判断不会有大的偏差。

英国殖民地大臣波霭这时已俨然把李光耀当成未来的领导者了。李光耀的话比已经比新加坡再任的首席部长显得更有分量。

从伦敦返回新加坡途中，李光耀决定在罗马旅游休整几点天，再回新加坡投入新的工作。他在这里看到这样一幕——

一天早上，李光耀信步走到罗马的圣彼得大教堂，只见游行的队伍正沿街走来。罗马教皇坐在轿子上，由几名瑞士守卫抬着，刚好出现李光耀的视野里，街两边满是围观的群众。就在瑞士守卫把教皇抬到教堂走廊中央时，环绕在他周围的人群齐声欢呼，高喊"教皇万岁"。

李光耀看到这个情景，不禁灵机一动。

从罗马回来后不久，李光耀建议人民行动党模仿教皇的推举制度，先选出中央执行委员会，并对人民行动党的党章作了必要的修改。

修改后的党章规定党员分为普通党员和干部党员两种。普通党员通过党总部或党支部直接入党；干部党员则须由中央执行委员会遴选，经批准后加入，他们的人数共有几百名。

只有中央执行委员会挑选出来的干部，有权推举候选人进入中央执行委员会，就像天主教的教皇委任的红衣主教，有权推选另外一位教皇一样。

这一招，将保证李光耀的人民行动党的组织不被轻易改旗易帜，这对于李光耀通过人民行动党实施和推进个人理念是大大有利的。

当选总理

1959 年接连三个月，李光耀在调查委员会和主持竞选的工作之间两头奔忙，忙得不可开交。选举中，人民行动党按照原定计划，角逐新加坡议会的所有 51 个议席。

人民行动党的第一个任务是选定 51 名候选人。经过反复权衡，在李光耀主持下，派出 34 个华人、10 个马来人、6 个印度人和一个欧亚裔候选人。这个比例与新加坡的族群比例大致相当，马来族和印族候选人所占的比例略高于人口比例。

在其后当选的 29 个华人当中，6 个是完全受英文教育的，16 个是完全受中文教育的，7 个是掌握中英双语，以英语作为工作语言的，这也很好的照顾了华人中说不同语种人的比例。

在 33 天的竞选期间，李光耀带领人民行动党大举造势，举行了 6 个群众大会和近百次街头集会。这个时候，其他参选的党派

年青的李光耀当选新加坡总理

都没有拿出人民行动党这样的阵势，力量分散。

人民行动党是年青的一群，候选人年龄多数还不到 30 岁，真是朝气蓬勃，似乎预示着新加坡年青的未来。候选人的街头演讲，首先在新加坡的年青人中反响热烈。这跟其他的几个老迈僵化的政党形成了鲜明的对比。

对李光耀来说，整个竞选过程忙忙碌碌，有时也兴高采烈。但新加坡之外的形势不能不引起他的注意。

李光耀能感受得到，对于走中间温和路线的人民行动党可能在新加坡赢得大选，马亚人领袖东古拉赫曼和他的同伴并不完全抱着友好的态度。

原因在于，东古拉赫曼是一个顽固的反共派，而且在马来亚地区政府的军队正在和马来亚共产党领导下的游击队打仗，东古拉赫曼看不上李光耀所倡导的中间温和派的路线，觉得李光耀在反对共产主义的问题上立场不像他一样坚定，甚至立场可疑，说不定有一天完全会站到共产党那一边，再加上当时有许多华人民众支持当地的共产党人。

巫统的领导人之一阿卜杜勒·哈密裕末也跟着东古拉赫曼的立场，在一次群众大会上公开说，马来亚是"反共"，而李光耀的人民行动党是"非共"，由于李光耀这样的骑墙派，马来亚绝不与新加坡合并。

人民行动党在这个时候可不愿意感情用事。这年的3月22日，人民行动党的吴庆瑞发表"经济政策"演讲，仍旧主动向马来亚示好。他说，新马两地必须合作，"作为建立共同市场的交换条件，我们可以让联邦联合管理我们的港口，我们的港口平时处理那么多的联邦对外贸易。"

但东古拉赫曼不改初衷，他警告巫统内的亲人民行动党党员，如果他们以独立候选人的身份参加竞选，巫统将把他们开除出党。

这个时候，李光耀也注意到一些国际舆论——美国政府也不喜欢人民行动党。

美国人认为，李光耀的人民行动党上台后，新加坡在未来很可能"左转"，走左派路线，推动企业国有化，放弃鼓励私人企业的传统。美国媒体认为"这种可能性使人无法估计这个城市的经济前景和贸易展望"，认为新加坡的投资环境会大大恶化。

反对人民行动党和李光耀的人可能无法完全了解李光耀的想法。

李光耀这时暗暗感到满意——虽然人民行动党曾跟左翼人士展开了合作，以期争取更多的支持者，但在这一次的议会选举中，人民行动党里非左翼的力量完全控制了整个竞选过程。李光耀和他的同伴王邦文两个人小心翼翼地从人民行动党中挑选候选人，把左翼候选人当选的可能性减到最低程度。

李光耀竞选班子里的同伴们开始各显神通，在竞选大会上施展各自的个人魅力，力争打动新加坡的选民们。李光耀自己讲中文的水平进步了，虽然还做不到口若悬河，但足以在竞选大会上脱稿发言。但听的人却感受到李光耀在语言上的努力和进步，随之增加了对李光耀的亲切感和认同感。

杜进才长得矮小，身高仅有 1.5 米左右，但一上讲台就变得活跃万分。他的中文讲得比李光耀差劲，但他透露出来那种强烈想要倾听和响应华人民众呼声的姿态博得一片掌声。

其他一些未来部长们也还不错。拉惹能说英语和马来语，他的特点是，善于把书面性的政论转化成有感染力的煽情的街头语言，让人们一听就懂。

吴庆瑞却糟透了——在李光耀看来。吴庆瑞头脑聪明，讲稿也写得很用心，但是讲话时老是一个音调，还有些含糊不清，而且一般只照着稿子念，让人乍一看上去总是很沉闷的样子。而且，他只会说英语！

耶谷是人民行动党中的马来人候选人，出身寒微，只上过几年小学，对街头的群众讲起话来很贴切生动，简直称得上娓娓动听、扣人心弦。为了谴责反对党的夸夸其谈，他演讲的时候引用了一段马来谚语，"母鸡生下一个蛋，全村都听到它咯咯叫；海龟生下几百个蛋，什么声音也听不到。"这一下子把听讲的群众惹得轰然大笑。他的意思是说，人民行动党替工人争取到了许多权益，却绝不会到处声张。

这个时候的新加坡还很贫穷，有大量的贫民窟，在这次竞选中，李光耀和他的人民行动党号称走中间路线，要代表工人和普通民众的利益，所以收到的巨商富人的捐款很少，不得不尽量节省开示。

每天晚上，李光耀要开着车，从一个选区赶到另一个选区，发表三四次演说。在每一站，李光耀要停留半个小时左右，然后马上再赶到下一站。

这个时候的李光耀戒了烟，以防影响演讲过多，嗓子发炎说不出话来。在新加坡湿热的晚上，李光耀往往要用两、三种语言——马来语、华语和英语演说，演说完之后总是大汗淋漓。每天晚上柯玉芝都准备好背心和衬衫，让李光耀在每一次演说过后便换上。

因为知道自己势将在竞选中获胜，李光耀和柯玉芝在1959年2月花一笔钱买了一辆崭新的好汽车。李光耀可不是为了显权势摆阔气。他是要显露自己的自信——作为一个受过英式专业教育的知识分子，他和柯玉芝完全可以靠当律师，在新加坡过上优裕的中产阶级生活，拥有房子和车子，而不是靠当官。

他要让人们知道，李光耀不当总理也有足够的经济能力。他当总理不是为了给自己捞钱，那对他来说完全没必要。

新加坡的普通民众对于议会选举也热情高涨，他们知道巨变即将发生。统治了一百多年的英国人迟早要走了，历史将翻开新的一页，现在，要把握住掌握自己未来的机会，而时代也给了他们这个机会。

无论是街头会议还是群众大会，都变得多姿多彩。轰轰烈烈的选举，让不同种族的不同文化习俗得以展示，简直是争奇斗艳。

华人们一般会向自己支持的候选人献上绣了中国书法贺词的锦旗，以示支持，有的三四米长，要几个人上台帮忙才能展示出来。锦旗上写着赠送者的名字，有很多来自于不同地区的华人宗亲会或商会。

印度裔的群众则献上鲜花缀成的花环，有的重达 1 公斤。有时候，大家太过热情，一个晚上就给李光耀的脖子上套了好多个大小不等的花环，直到把李光耀整个头遮住，只好用脖子很辛苦地支撑着。

马来人则献上金银线织成的头饰，那一般是由马来土著人的高级首领在隆重的庆典上才会佩戴的。

许多开商的店主会送些实物来支持他们的候选人，有的送做竞选布条使用的白布，有的在炎炎烈日下送汽水，等等。

李光耀用让未来更美好、安全的许诺，来诚挚地回应信任他们的新加坡人。

李光耀还在选举中提到了以下几点——

即人民行动党上台后会保留维持公众治安法令，他说，"我们不会向恐吓和威胁低头，也不会利用压迫作为执政的手段。……维持公众治安法令不是用来威胁人民，而是用来保护人民。"这实质上是为了预防极端的左翼分子发起暴动式的革命。

李光耀还提到，"我们不会允许外国资本进行颠覆活动。这些颠覆活动是指：旨在促进不是我们人民的目标和利益，而是境外强国的目标和利益的任何政治活动。"

1959 年 5 月 30 日是一个星期六，是新加坡议会选举的投票日，城市里一切平静，秩序井然。选举活动进行得很顺利，90%的有参选资格的新加坡人都去投了票。

选举结果出来了。李光耀的人民行动党赢得了议会里51席中的43席，获得了53.4%的选票，此外新加坡人民联盟获得4席，巫统3席，独立候选人1席。

根据选举规则，李光耀成为新加坡自治邦的总理。这一年，李光耀35岁。

英国殖民地大臣波霭给李光耀发来了热情的贺电。

新加坡举足轻重的邻居——马来亚领导人的态度微妙。暂时代任马来亚首相的敦拉扎克也很干脆地通过报界发来了祝贺，"新加坡人民作出了明确的选择，我祝贺人民行动党赢得那么多的多数票。"

而更重要的领导人东古拉赫曼的口气则不冷不热，"他们（人民行动党）的胜利是意料中的事。其他政党闹分裂，组织不了强有力的反对派反对人民行动党。"

耳目一新的演讲

1959年6月3日晚，市政厅大厦前面举行群众集会。草场上约有5万人，秩序井然，大都期待着大选获胜的李光耀来一番鼓动人心、热情洋溢的讲话。

人们看到，李光耀和人民行动党所有43名当选的议员，全部身穿白色的衣服和裤子出场亮相。穿白色，象征政府的廉洁。这让人们不禁耳目一新。

出乎人们预料的是，李光耀在就职演讲的时候，显得严肃，甚至透露出沉重。

事实上李光耀自己也没有胜利者那种意气风发的感觉。这是个庆祝胜利的场合，李光耀却没有欢欣鼓舞的心情。站在总理的位置上，他越来越发现他所面临的问题的严重性。大量的新加坡人失业，罢工潮不断，而这吓走了投资者，又反过来摧垮着新加坡的经济，形成恶性循环。

李光耀故意透露出沉重的表情，就是想冲淡一下与会者们的希望，给人们泼泼冷水。如果现在演讲的调子定得很高，给大家展示一个十分诱人的愿景，却在以后的施政中完全不能兑现，李光耀沉稳务实的性格使他不想干这样的事。

在六名部长演讲后，李光耀在他的演讲中概括了政府的立场，他这样说道：

> "我们开始了新的一章。……除非人民全力支持政府的工作，否则政府是出不了成果的……有时为了整个社会的利益，我们可能非采取不受一部分人欢迎的步骤不可。在这样的时刻要记住：指引我们行动的原则是，必须以整个社会的至高无上的利益为依归。"

他的这番话，带有警告左翼人士的意味，左翼人士基本上都没有参加这次群众集会。在李光耀看来，社会的稳定，是他的政府推进新加坡发展的重要保障。

1959 年 6 月 5 日星期五下午，李光耀和同僚们宣誓就职，地点在英军的蒙巴顿勋爵于 1945 年接受东南亚日军司令官投降的政府大厦内。

英国人古德以首任自治邦元首和新加坡最后一任总督的身份主持宣誓仪式，并祝贺新当选的政府成员。

李光耀很客气地向英国人表示感谢，"过去几天，我们有机会跟一个了解我们人民的希望和抱负又了解我们处境的局限性的人打交道，这是我们运气好……希望你在往后六个月的任期内，会协助我们和平、顺利和有效地接管治理新加坡的大权。"

开始"执教"新加坡

热闹的就职典礼退潮了，要面对的工作随即汹涌而来。

身为总理的李光耀入驻政府大厦二楼，跟副总理杜进才共用一间总办公室，李光耀的秘书则使用他们两人之间的办公室。

对于李光耀，在投入纷繁工作之前，头等大事是用最快的速度给办公室装上空调。对他来说，没有空调，新加坡就不可能有现代化节奏的高效运作。

李光耀在雷考克的律师事务所工作的第一年，坐在炎热、潮湿的大办公室里，街上的噪声充斥着耳朵，让李光耀头晕目炫。而在作为律师出庭的时候，按规定要穿厚厚的英式的制服，在律师袍下面还要穿黑色的夹克。这种制服原本是为英国的湿冷天气准备的，在新加坡的高温天气里穿上这身制服，在漫长的庭审中，有时简直让李光耀备受煎熬。

吴庆瑞在新的政府里管财政部，他选中了李光耀在日本人时代就认识的老朋友——韩瑞生做他的助手。

吴庆瑞在摸清了财政部的底后，马上向新掌门人李光耀如实汇报他们面临的大问题：上届政府多花了财政储备金多达 2 亿元，他预见当年将会出现很大财政赤字，大概有 1700 万元。新政府上任的第一个大问题就是：缺钱。

李光耀和吴庆瑞商量来商量去，只能从节省开支着手，但新

上世纪中期，新加坡的村子里都是竹子搭起的吊脚楼，
村民们"悬空而住"。

政府刚上任，如果为了平衡财政开支，而向新加坡的普通公众开刀，那无异于自寻死路。

"还有什么节省开支的办法？"李光耀问，

吴庆瑞的回答也很简单，减薪。他的方案是一个不伤普通公众利益，但会得罪政府公务员的方案。

他的建议是，减薪方案主要针对的是新加坡 14000 名公务员中的 6000 名中高收入的公务员，而 8000 名低收入雇员则完全不受影响。吴庆瑞还建议新政府的部长们以身作则，月薪从 2600 元减到 2000 元。减薪后，预计每年政府开支将能省下 1200 万元，对财政空缺是个很大的弥补。

说起来容易，做来难。

就在几年前李光耀做律师的时候，倒经常代表很多工会组织和政府谈判，向政府施加压力，并成功地替工薪阶层争取了更多的报酬。那时的李光耀可不用费心去管政府怎么想。

现在的情况倒过来了，李光耀自己成了政府的家长，简直是角色互换，当了家才知柴米贵，要是因为减薪而激起公务员工会等组织上门抗议，他就有麻烦了。

吴庆瑞先实施了第一步，冻结新官员任命，未经部长批准，政府里不能增加新员工。

李光耀还给公务员们发出这样的讯号：利用工会向政府施压要求加薪，和政府讨价还价——就像他以前替工会做的那样——那样的日子一去不返了。

李光耀衡量了一下，他觉得他很有底气去应付。

时代不一样了，现在的政府，是由新加坡人自己选出来的，有广大华人和其他族群底层民众的支持，和英国人的殖民地政府那种高高在上缺乏群众基础的情况大不相同。这样的政府，它的权威性不容质疑和挑战。

新加坡的公务员工会果然马上表示强烈反对，组织了一个联合行动委员会跟李光耀的政府对抗，要争取全面恢复以前的津贴。

李光耀不为所动，他认为公务员们应该清楚，他们现在所服务的政府执行的政策符合全体新加坡人的利益。

他有更远的想法，他要广大华人群众体会到，新加坡是他们的新的国家，这个国家符合他们的利益，他们也必须树立起新的国家意识，在东南亚这片土地上生存下去。

也就是说，必须要包括华人在内的新加坡人认识到自己的新身份，忠于新的国家，降低原有的族群意识。这样以来，东古拉赫曼那样的马来亚的民族主义领袖才更有可能同意马来亚接纳新加坡，从手携手一起走上独立之路。

"必须跟我们一起工作的人，难道我们会伤害他们吗？在民主制度下，公务员必须按照获得人民授权的政党的指示办事……如果不发生比损失津贴更糟的事……公务员应该跪下来感谢上帝，感谢他们幸免于难。"李光耀口气强硬地说到。

他所说的"更糟的事"实际上也是意有所指。在当时新加坡社会的政治力量中，仍然存在着左、右之争。

李光耀认为，如果他代表的中间温和路线的政府被破坏、乃至失败的话，新加坡人就没有别的更好的选择了，很可能走上暴力革命的激进式独立的路子。而中间温和路线，符合李光耀这样的新加坡精英阶层利益，包括公务员阶层，同时，在他看来，也是对新加坡伤害最小的路线。

公务员们的抗议暂时平息了。

这个时候，李光耀不忘警告他的部长和主要官员们一个重要问题——不要让刚刚到手的权力冲昏头脑，不要滥用权力，为所欲为。

为人民扫大街

新政府进行了一系列宣传运动，打扫城市街道、清理海滩垃圾、割掉荒地上的野草。

带领包括部长在内的政府官员和公务员利用周末，扛着扫把清扫新加坡的大街，每个人都像普通清洁工一样，全身衣服脏透了也在所不惜。

每周末都不闲着。这个星期天，公务员们清理樟宜海滩。下一个星期天，李光耀自己拿起扫帚跟社区领袖们一起在新加坡扫大街。

这是李光耀从马来亚共产党人那里学来的群众运动式的做法，李光耀自己也承认。

李光耀从共产党人那里学到的还不止这些。吴庆瑞和李光耀策划组织了人民协会，是包含新加坡所有重要社会志愿者组织的法定机构。机构里从棋会、体育俱乐部到音乐、芭蕾舞、绘画和烹饪班等等，应有尽有。新政府要让新加坡人做有益身心的事，使他们更好的融入、爱护新加坡社会，奉公守法。

李光耀推动兴建了100多个民众联络所，在市区里兴建大型的联络所，在乡村里则建小木屋，提供教育和娱乐，人们在这里可以打乒乓球、打篮球、打羽毛球、下象棋以及上收音机和电冰箱修理课、手艺课。每个中心都有个全职的组织秘书负责管理，照顾附近居民的需要。

李光耀还要把新加坡的工人们从左翼政治力量有很大影响的工会组织那里争取过来。

新政府模仿澳大利亚的强制仲裁制度，成立劳动仲裁法庭。这样一来，新政府的部长可以下令把任何严重罢工事件提交仲裁，尤其是诸如交通和公用事业等提供基本服务的部门的罢工。一提交之后，在等待仲裁期间，工会如果继续号召工人停工，将被判定为非法。

有些措施李光耀的新政府不用费太大劲推动，就能轻易地争取得到新加坡人的大力支持。例如他的内政部长王邦文发出的一系列反对"黄色文化"的禁令。

"黄色文化"包括赌博、抽鸦片、色情、多妻多妾、腐败贪污等等。恰恰在同一时期，这些现象在中国大陆经过新政权的整治，已经完全不见了。来自中国大陆的华人带来了这些消息。新加坡的左倾的中文媒体热烈赞扬中国新政权的清廉和生机勃勃。

王邦文也迅速地放手采取行动在新加坡大大整治了一番。

在李光耀看来，新政府最有意义的计划是，争取在一年内让所有儿童都有机会上学。

李光耀的襟兄杨五麟是教育部长，他的办法是：让所有学校同时开上、下午班。结果，在一年之内新加坡上学读书的学生人数翻了一番，同样的，校舍的使用率也增加了一倍。他还推行速成计划培训师资，把许多资深教师擢升为校长，用最高的效率增加学校的师资力量。

这些措施都像是得了共产党人的真传一样。

35岁就掌权，李光耀充满了劲头，也有不安。他几乎没有行政经验，这个时候，自己的律师馆也让柯玉芝和弟弟李金耀代为管理。

他要求自己在短的时间里了解政府的运作，对高级官员的工作性质、态度和作风心中有数，估计各部门的人力资源，重新加以部署，以便加强最重要的部门。

在新政府施政几个月后，英国在新加坡的末代总督古德写了一份详细的报告，提交给英国政府。报告里有这样的话：

"每个星期四下午，我在元首府跟李光耀先生举行例常会议，自由坦率地交谈。我发现他成熟多了。他仍然有他的偏见和执着，但一般说来很明事理，总是反应迅速和理智……"

11 月 23 日，古德提交了他的最后一份报告，也可以称为"降旗"报告。英国的殖民地总督通常是在退出殖民地前，降下英国国旗时呈上这份份报告，报告中说：

"当前的形势是，李光耀先生控制了内阁，内阁紧密团结。不出所料他们犯了一些错误。……但总的说来，他们在落实所宣布的各种政策方面有了好的开始。"

像多年前李光耀在莱佛士书院念书时的级任老师那样，古德给李光耀开的成绩单不错。

迈出独立第一步

最后一位英国总督离开后，新加坡必须委任自治邦的元首。

同样是为了充分照顾新加坡体量庞大的邻居——马来亚人的感情，李光耀和他的同伴们选择《马来前锋报》董事经理尤素夫当末代总督古德的继任人，他是第一位出任自治邦元首的本地人，是一位马来人。

12 月 3 日，也就是新政府成立 6 个月后，尤素夫在政府大厦宣誓就职，新加坡重要的社会领袖、商界领袖和领事团成员莅临参加。

早上八点举行了就职典礼，接着是政府大厦台阶前面的群众游行，游行队伍展示了新加坡新的国旗，一个合唱团唱了新的国歌。立法议员和部长们都在台上观礼，四周围则是新加坡的普通民众。

国旗的设计也花了很多心思。

　　主要是因为新加坡是一多民族聚集的新国家，要体现出各个族群的特色，维护团结。华人们喜欢红色；马来人是穆斯林，他们喜欢红白两色，象征勇气和纯洁。这个时候，华人们对新中国充满了向往，他们也想在国旗上加上星星；而穆斯林们想要新月图案。

　　综合了种种想法，最后设计出来的新加坡国旗是：新月加五颗白星，底色用红、白两色，五颗星代表国家的五大理想——民主、和平、进步、正义与平等。这真是一个皆大欢喜的设计。

　　新的国徽是，盾牌上缀一枚新月和五星，两边一头狮子、一头老虎，下面的饰带上写着马来文 "Majulah Singapura"，意思是"前进吧，新加坡！"

　　之所以占人口少数的马来人在这些设计中有很突出的体现，一是为了体现新加坡的族群和谐，而且还有重要的一个考虑：新加坡一国之小，它的邻居却是相对而言体量极为庞大的马来人国家，也要照顾邻居的感情。

　　国歌采用了一位马来作曲家的曲子，歌词是中文，曲名也叫"前进吧，新加坡！"

　　接着，大规模的群众游行队伍拿着旗帜在自治邦新元首面前走过，五彩缤纷的气球冉冉升起。

"新马"的合与分

　　新加坡与马来西亚之间只相隔一条 1400 米宽的柔佛海峡，两地在地理、历史、血缘等方面几乎都可以看做是一个整体，一百多年来有着难以割裂的联系。

作为英国自治邦的新加坡如果完全独立成为一个国家，将在经济、国家安全等诸多方面面临很多困境。李光耀和人民行动党的领导人们一直希望与马来亚合并。

这时的英国人坚持要让所有的殖民地联合成一个国家，然后取得完全独立地位。

但马来亚的领袖东古拉赫曼根本不想接收新加坡。他的理由依然如此，"新加坡有130万华人，这会使马来亚人感到不知所措，破坏联邦的宁静气氛。"

他还有一个理由，"许多受中文教育的华人和新移民，始终效忠中国，很少关心马来亚。"

但谁也料不到，东古拉赫曼的态度来了个180度的大转弯。

1961年5月27日，东古拉赫曼在新加坡一个会议的午餐会发表演讲时，突然说："马来亚迟早应该同英国以及新加坡、北婆罗洲、文莱和沙捞越的人民取得谅解……并且考虑采取某种计划，把这些地区更紧密地联系在一起，进行政治和经济合作。"

东古拉赫曼后来对为什么改主意含糊其辞。

李光耀做出了猜测，这是英国人背后做了工作，英国人让东古拉赫曼相信，他必须控制新加坡的安全，才能够维护马来亚的安全，因为新加坡大多数说华语或方言的人容易被共产党人吸引过去。

当时的马来亚总理东古拉赫曼经反复权衡，于1961年5月27日提出成立"马来西亚"的方案，计划把新加坡、沙捞越、沙巴和马来亚合并成一个新国家，即马来西亚。该计划获得各方的热烈赞同。

1963年9月16日，新加坡正式并入马来西亚，成为马来西亚的一个州。

但是，令人们始料不及的是，马来西亚的邻国——印度尼西亚并不满意身旁突然出现这样一个强大的邻居。在马来西亚成立后，印尼人便断绝了和马来西亚的外交关系，禁止马来西亚商人到印尼做生意，很多新加坡商人因此破产。

这次合并并没有理顺马来西亚和新加坡的政党关系及紧张的种族关系。

新加坡两次爆发华人和马来人之间的种族骚乱，使马来西亚中央政府和新加坡地方政府的关系日趋紧张。

1965 年 8 月 9 日，要不是音乐广播中途暂停，这一天跟新加坡其他星期一早晨根本就没有两样。上午 10 点，广播电台播送的流行歌曲突然中断，新加坡的听众震惊地听到广播员庄严地读出一份宣言。这份宣言只有 90 个字，却从此改变了新加坡人和马来西亚人的生活：

1965 年 8 月 9 日，马来西亚国会同意将新加坡驱逐出联邦。李光耀召开记者会，并通过电视向国民发言，呼吁人民要保持镇定，但自己却无法控制情绪，流下泪水，摆在他面前的，是新加坡未卜的前途。

"自由与独立永远是人民的神圣权利……我，李光耀，以新加坡总理的名义，代表新加坡人民与政府，宣布从 1965 年 8 月 9 日起，在自由、正义、公平的原则下，新加坡将永远是一个自主、独立与民主的国家，在一个更公平、更合理的社会里，誓将永远为人民大众谋求幸福和快乐。"

紧接着广播中传来另一个声音："奉大仁大慈真主之命。愿真主——宇宙的主宰，得到颂赞……我，马来西亚首相东古拉赫曼，获马来西亚最高元首批准，谨此昭示，自 1965 年 8 月 9 日起，新加坡不再是马来西亚的一个州，它将永远成为一个独立自主的邦国，从此脱离并不再依赖马来西亚。马来西亚政府承认目前的新加坡政府是独立自主的政府，并将本着友好的精神与之合作。"

分家？为什么？怎么这么突然？所有的新加坡民众都在问。新加坡岛成为新马来西亚联邦的一部分，只不过两年光景。

同一天上午 10 点，在新加坡以北 250 英里的吉隆坡，东古拉赫曼正在向马来西亚国会解释：

"我们最终发现，只有两条路可走：一、对新加坡政府或新加坡领袖采取镇压措施；二、同不再效忠中央政府的新加坡州政府断绝关系。我们现在采取的是第二条路。"

国会里一片死寂。东古拉赫曼是在副首相敦拉扎克提出一项议案一读之后发言的。到下午一点半，二三读辩论完毕，法案送交上议院。上议院的一读从两点半开始，到四点半三读通过。最高元首当天就批准这个议案，完成了宪法所规定的程序。

新加坡被逐出马来西亚。

这一天，李光耀难过万分，他后来回忆自己当时的感受："我从来没这样悲伤过。分家成了事实，我辜负了马来亚、沙巴和沙捞越许许多多的人……一些国家原本就独立，一些国家争取到独立，新加坡的独立却是强加在头上的。对新加坡来说，1965年8月9日不是什么值得庆祝的日子。我们从没争取新加坡独立。在居住着1亿多马来回教徒的群岛上，我们华族人口简直微不足道。新加坡是马来海洋中的一个华人岛屿。我们在这样一个充满敌意的环境里如何生存呢？"

新加坡宣告脱离马来西亚成立一个独立的共和国后，同年9月，新加坡加入联合国，成为联合国的成员国，10月新加坡又加入了英联邦。

安全威胁

同马来西亚"分家"四个月了，1965年12月新加坡国会开会。

会议召开前，负责指挥马来西亚驻新加坡的一支步兵旅的阿尔萨戈夫准将来见李光耀。

"我一定要派我的警卫队护送你到国会去"，这位准将口气坚定、几乎不容李光耀质疑。阿尔萨戈夫准将是一位穆斯林，他身材魁梧肥胖，留八字须，生于新加坡，加入了马来亚武装部队。

阿尔萨戈夫准将的语气让李光耀有些惊讶，在李光耀看起来，这位准将仿佛是新加坡军队的最高指挥一样，在给李光耀下一道命令。

当时，新加坡步兵团第一营和第二营各有大约 1000 人，由马来西亚人指挥。他们把 700 名马来西亚人安插在新加坡步兵团第一营和第二营，300 名新加坡士兵则被调走，分配到马来西亚各个部队。

李光耀想了想，明白是怎么回事了。这一定是马来亚的领导人东古拉赫曼指使的。他想借此提醒李光耀和他的同僚，以及那些将会出席国会开幕式的外国使节们，新加坡仍然在马来西亚的掌握之中。

李光耀本来不想给这位准将面子。但李光耀知道，如果直接训斥他，他会立即向在吉隆坡的上司报告，而吉隆坡方面一定会采取其他措施向新加坡人施压，让李光耀和新加坡人知道真正掌握新加坡大权的到底是谁。李光耀没说什么，选择了容忍，不去跟他计较。

于是人们就看到这一幕：在新加坡共和国的国会第一次开会时，这个国家的最高领导人从政府大厦的总理公署行进到国会大厦，一路上却由另外一个国家——马来西亚军队的警卫队一路"护送"。

还不仅如此。新加坡从马来西亚独立出来之后，负责保护李光耀的警官提醒李光耀，马来西亚的马来文报刊、电台和电视台已把李光耀的形象宣传成马来亚民族的敌人。而在当时这些媒体在新加坡地区也收听和收看得到。

警官提醒李光耀，"您要当心，可能会有种族狂热分子对您不利。"

李光耀身边本来只有一个警卫，这个时候，他给李光耀身边加派了人手，还派人暗中保护柯玉芝和李光耀几个孩子。工人们用了几个月，把李光耀的家进行加固，装上防弹玻璃窗，不禁让大家松了口气。

李光耀在欧思礼路的家前面被安排了廓尔喀人警察站岗。这个安排李光耀觉得很恰当。

"要是华人警察、或马亚人的警察，谁也不敢保证不出乱子，"李光耀想。

廓尔喀警察在新加坡的族群中属于立场中立，而且在李光耀看来以绝对的纪律和忠诚著称，能给所有的族群带来安全感。

但李光耀感到有一种不安，这种不安就是——新加坡已经是一个独立的国家了，这个国家需要自己的军队，需要自己的军事力量。

马来西亚领袖东古拉赫曼希望把新加坡踢出去，但还有一些影响力很大的马来领袖则是极力反对的，如赛加化阿巴。他为了抗议马来西亚此举连巫统秘书长的职位也辞去了。他可能跑去游说上述那位在新加坡统领马来西亚军队的阿尔萨戈夫准将，告诉他，作为一个爱国者，扭转分家的局面是他的职责。而阿尔萨戈夫和他那驻扎在新加坡的步兵旅，几乎可以不费吹灰之力就使把李光耀和他手下的部长们沦为阶下囚，政变随时都有可能发生。

此时的马来西亚军队在新加坡赖着不走。新、马分家后，应马来西亚政府的要求，新加坡派出了第二步兵营到沙巴执行"对抗"任务。这一来，整个淡马锡军营便成了空营。而马来西亚后来派了一团步兵驻扎到淡马锡军营，直到 1967 年 11 月才自动撤走。

马来士兵暴乱

这时的新加坡还面临另一个风险：四分之三人口是华人的城市的治安，却主要由马来族警察来维护。过去英国人招募警察的对象的主要是马来人，他们多数在马来亚出生，到新加坡来当警察。

马来人喜欢当军警，华人却避之惟恐不及，华人不愿意当兵，一是因为传统，再一个原因是旧中国军阀的士兵给人们留下恶劣的印象。问题是，新加坡政府已经不再是英国人或马来人的政府，而是马来人眼中的华人政府，军队和警察还会不会同样效忠呢？

"必须设法吸引多些华人和印度人加入警队和军队，以反映

60年代，李光耀在新加坡街头对群众讲话。

实际的人口比例，"李光耀暗暗地想。

1966年2月的一个下午，四点多，吴庆瑞心急火燎跑到李光耀的办公室，报告一个坏消息：新加坡的征兵站发生士兵暴乱。

事情的起因是，新加坡的军队正在进行例行的征兵，但吴庆瑞发现了一个问题：最近入伍的各个部队的新兵当中，居然有80%是马来人，而华人却很少。这还了得，吴庆瑞有些惊讶，他马上下令：停止所有的招募和训练工作，并冻结所有的职位。

但这命令一传到主管征兵的部队军官耳朵里，被误解了，他一拍脑袋，指示部队里的华人少校，马上开除所有刚征招来的马来族新兵。这名华人少校让所有的新兵到操场集合，叫非马来族士兵离队，随后通知马来族新兵他们被解雇了。

这简直像捅了马蜂窝一样。

马来族的新兵们一时之间瞠目结舌，简直不敢相信自己的耳朵。就因为是马来人，所以被解雇，这不是歧视吗？一群新兵过了一会儿，才从惊愕中回过神来时，群情激愤，场面一片混乱。

新兵们操起棍棒和汽水瓶，开始攻击非马来人，烧毁了一辆汽车，掀翻了一辆小货车。一辆警察巡逻车闻讯赶到维持秩序，刚一到场，马来族的新兵毫不客气，把无数的玻璃瓶向警车投了过去。一辆消防车随后来到，也立即享受到和警车同样的待遇。

珊顿道沿路聚集了大批看热闹的群众。附近工艺学院的学生离开课室，拥上阳台和屋顶，居高临下，观看这场混战。下午2点多，新加坡镇暴队队员快速出动，乘坐镇暴车来到现场，向暴乱的人群发射了一通催泪弹。接着，镇暴警察一涌而上，把所有参与闹事的人押上囚车，拉到刑事侦查局大厦。一共抓了300多人，关在刑事侦查局的四方院子里，等候发落。

这些人是关是放？如果让他们保释的话，他们回到马来人居住地区，散播他们如何被华人军官开除的消息，那么，新加坡的马来人和华人可能会暴发全面混战。吴庆瑞一时犯一难。

李光耀听了有些头大。急中生智，他先想到英国人，叫人把英国在新加坡的最高专员约翰·罗布请到办公室，要他通知新加坡的英国军人待命，以防出现失控的种族暴乱。

同时，李光耀马上和相关部门的主管直接到关押暴乱者的院子。他不想把这300多人关太久，这很不妥当，也可能会引发更大的乱子。

社会事务部长奥斯曼和吴庆瑞陪同李光耀会见暴乱者。

李光耀拿着手提扬声器用马来语向新兵讲话。他大声告诉他们，这只是一个误会，实际上命令规定的是，军队只招募新加坡人，而不是只招非马来人。李光耀讲了这么一番话，参与暴乱的新兵们情绪渐渐平和下来。

与以色列人合作

更大的暴乱是预防住了，但是，谁知道会发生什么意外？李光耀决定用最快的速度整备军力，建立新加坡的国家武装。任务很艰巨，新加坡得从头做起。

本来李光耀想求助英国人，英国人曾经帮马来西亚在1950年代建立起了国家武装。英国人虽然乐意帮新加坡，但是考虑到马来西亚人的感受，怕在马来西亚引起更大的反英情绪，不愿意走到前台。

而这时的马来西亚倒很愿意"帮忙"，他们想替新加坡包办军事上的事务，好让新加坡在军事上不至于威胁到马来西亚，而马来西亚却可以在一定程度上控制新加坡。但让马来西亚人来保卫新加坡，李光耀和他的同僚们却是绝对不愿意。

吴庆瑞在独立前曾任新加坡的财政部长，面对这样的形势，在新加坡独立后，他主动请缨表示愿意出任国防部长，挑起重担。吴庆瑞的全部军事知识是在第二次世界大战期间得来的。英军在 1942 年 2 月投降之前，他当过一阵子新加坡义勇军的中士。李光耀让吴庆瑞马上着手推进。

吴庆瑞先跟以色列驻曼谷大使莫迪凯·基德伦接触，寻求帮助。新加坡独立几天后，基德伦就从曼谷飞来新加坡，提出了一些有关协助进行军事训练的建议。以色列人这个时候在世界上也需要朋友——他们的对手已经够多了。以色列想通过军事援助，进一步和新加坡建立正式、公开的外交关系，这相当于在国际事务中多了一个朋友。

但是对于李光耀来说，以色列还不是新加坡的最佳选择，这主要是从政治的角度上来考虑的。这个当时和阿拉伯国家大打出手的国家，几乎成了穆斯林世界的共敌。可是新加坡的近邻——马来西亚，就是一个穆斯林国家。李光耀不得不顾及马来西亚人的感受。

李光耀听了基德伦有关军事训练的建议，表示了感谢，但是要吴庆瑞暂时按兵不动。

这时李光耀寄出了两封信，一封给当时的印度总理夏斯特里，另一封给埃及总统纳塞尔，要求他们提供紧急援助，协助新加坡建立武装部队。相比与以色列，李光耀内心里实际上更看重这两个国家，一方面，它们是有影响力的大国，另一方面，他们一个是伊斯兰国家，另一个至少不是穆斯林的敌人。李光耀要等等看。

印度人两天后回了一封客客气气的信，"真诚地祝愿新加坡人民幸福和繁荣。"对李光耀提的要求则只字不提。纳塞尔总统的回信几乎如出一辙。李光耀很失望。

李光耀叫吴庆瑞继续跟以色列人接洽，但是秘而不宣，对外严加保密，以免引起新、马两地马来族穆斯林群众的反感和对立情绪。

以色列人的动作很快，1965 年 11 月，来自以色列的亚克·埃拉扎里上校率领了一小队人马来到新加坡。这些军人肤色黝黑，新加坡的相关人员对外称他们作"墨西哥人"，以掩人耳目。

以色列人不但在传授军事技能方面本领到家。他们所采用的方法跟英国人完全相反。英国人早年训练新加坡第一和第二步兵营，采用的办法是循序渐进，一步一步来。训练军官是从排长开始，然后是连长，15 到 20 年后才训练营长和中校。以色列人却一开始便坚持新加坡军官必须向他们学习，并尽快取代他们担任教官。

在肯尼迪总统时期，美国一口气便派出了 3000 到 6000 名"顾问"，协助吴庭艳政权建立南越的陆军。以色列人只派 18 名军官到新加坡来。他们执行每一项工作都指定新加坡人跟着学习，从排长、营长到参谋长。

新加坡挑选了一批有军事和准军事经验的警官、英国时期的前新加坡义勇军军官入伍，他们有的是公务员，有的来自私人企业界。李光耀让他们成为全职军官。英国陆军高度重视军事配备的擦洗和步操，以便培养守纪律和服从上级命令的意识，以色列人却着重训练军事技能和激发昂扬的斗志。新加坡武装部队接受检阅和表演步操时所表现的齐整，并非从这些"墨西哥人"那儿学来的，而是从早年主管第一和第二步兵营的英国军官那里学来的。

这个时候，以色列人开始不厌其烦地提出要求：新加坡必须正式承认以色列，两国互派大使。李光耀可不敢轻易答应，在他看来，新加坡和马来西亚的马来族穆斯林同情他们的伊斯兰教兄弟——巴勒斯坦人和阿拉伯人，会因而反感新加坡政府的做法。当李光耀说出自己的担忧，以色列人倒也体谅，而且还是愿意帮助新加坡，但希望新加坡最终会允许以色列在新加坡设立大使馆。

1967 年 6 月阿以六日战争爆发，以色列的军队一战成名，大获全胜，这让李光耀暗自宽慰，对以色列人教官的军事水平信心大增。

这时，联合国大会正在就谴责以色列的议案进行辩论，吴庆瑞来见李光耀，要李光耀下令身为新加坡在联合国的外长拉贾拉南，千万别投赞成票谴责以色列，把以色列人惹火。因为拉贾拉南本来是全力赞成谴责以色列、维护亚非国家利益的。后来，新加坡投了弃权票。

1968 年 10 月新加坡同意以色列在新先设立商务处。经过一个时期的过渡，1969 年 5 月，商务处升级为大使馆。

在 1968 年 1 月，以色列要更换军备而减价出售法国制造的 AMX-13 轻型坦克，新加坡决定购买。到 1969 年 6 月，30 辆经过整修的坦克运到，同年 9 月又来了 42 辆。新加坡也买了 170 辆 V22 型四轮装甲车。

1969 年 8 月 9 日，敦拉扎克代表马来西亚出席新加坡的国庆检阅典礼，林金山安排一连 AMX-13 型坦克和 V200 型装甲车参加检阅。柔佛州的马来西亚人当晚在电视上看到这些坦克和装甲车，其他地方的人则于第二天在马来西亚报刊上看到照片，发现新加坡居然领先于他们有了这种利器，不禁大为震动，马来西亚的军队里当时还没有坦克。

以色列人还帮助新加坡建立海军，新西兰人帮助训练水兵操作第一艘高速巡逻艇，两年内新加坡就建立了两支各有三艘船艇的中队。之后进而购买了导弹艇。1968 年 8 月，也就是英国宣布撤军的七个月后，新加坡派遣首批六名机师到英国受训。到 1970 年 9 月，新加坡已经建立了一支共有 16 架霍克猎人型战斗机的中队。

到了 1971 年，新加坡已经建立 17 个国民服役营（16000 人）和 114 个后备营（1000 人），部队单位有步兵队、突击队、装备迫击炮的炮兵队、坦克营、装甲运兵车营、野战工兵营、通信营、野战保养营、野战医院和野战供应营各一个，以及一个辎重运输连。他们设立训练学校给新兵提供基本军训，并且培训见习军官、炮兵、工兵、未爆炸弹处理人员和海军。空军有猎人型战斗机、打击能手型航空教练机、百灵鸟型直升机和运输机各一个中队。

动员最多的人民

吴庆瑞曾在致国防理事会的文件中写道："新加坡和邻国的人口相比，犹如小巫见大巫……重要的不是人口的数目，而是武装部队的战斗力。"

他描述了他的计划，"征兵五年之后，通过动员战备军人，我们可以派出一支15万人的部队。利用上了年纪的人和妇女负起非战斗任务的话，最终我们应能派出一支25万人的军队。"其实这个计划是参照了以色列人的做法，宗旨就是，在最短的时间内动员最多的人。

"好男不当兵，好铁不打钉"，这是华人们的固有观念。

"必须扭转过来"，李光耀想。

李光耀决定在所有中学成立全国学生军团和全国学生警察团，使家长让子女跟军队和警察认同。过去军队和警察被看成英国殖民者压制人民的工具，引起人们的恐惧和反感。现在他要把这种情形扭转过来，要让新加坡人把军警当做自己的保护者。

在李光耀看来，只有改变人们的想法和态度，新加坡才能像瑞士和以色列那样建立一支庞大的平民部队。他和他的班子计划以十年的时间完成这个任务。

李光耀总的思路是，不把钱花费在规模庞大的正规军的经常开支上，而是建立组织和训练国民服役兵团所需的基础设施。实行国民服役在政治上有好处，对社会也有好处。吴庆瑞采取专业军人的立场，认为必须在今后三年内建立一支正规战斗部队，应付眼下来自马来西亚的威胁。李光耀认为只要有英军和共和联邦军队驻扎在新加坡，马来西亚人不大可能攻击新加坡。纵使没签订防卫条约，英国和共和联邦驻军也能起威慑作用。

公务员、国会议员和部长都参加了速成军官训练课程，他们带头组织了"人民卫国军"，士兵都是通过民众联络所征召的，多数是受华文教育的平民。

在庆祝新加坡独立一周年的典礼上，新加坡用仅有的一点兵力激励人民的士气。"人民卫国军"好几个排在 1966 年 8 月 9 日首届国庆庆典上接受检阅，虽威武不足，却热情有余。在认出穿着制服，给太阳晒黑了的部长和国会议员时，观礼台上的贵宾和街道两旁的群众都热情地喝彩。

李光耀要的是整个国防计划对准一个目标——尽可能动员最多的人民，激励他们执干戈以卫社稷。在他看来，应对马来西亚要重新控制新加坡的企图，最佳的威慑力量就是"让它知道，哪怕它能制服新加坡的武装部队，它也得虑是否有能力镇压善于使用武器和炸药的全体人民"。

1967 年 2 月，李光耀提出修正法案，修正英国人于 1952 年通过的国民服役法令，被征召入伍者服完兵役后，成为后备军人。他们每年都回营，到原来的单位受训几个星期，并建立情谊。每隔几年，他们就奉派到中国的台湾、泰国、文莱或澳大利亚，参加旅级的野战演习或营级的实弹演习。

几十年来，国民服役对新加坡社会产生了重大的影响，它已成了新加坡男性青年长成的必经之路，成了人们生活一个部分。它把人们团结起来，新加坡的年轻人学会了在一起共同生活和工作，不分种族、语言和宗教。所有宗教，从佛教、印度教、伊斯兰教、锡克教到基督教和祆教的习俗都受到尊重，穆斯林和印度教徒的食物禁忌也受到尊重。

不同族群　一律平等

起先李光耀认为，对于新加坡来说，未来想要谋生存、求发展，长久之计就是重新加入马来亚。

1963 年 9 月，新加坡曾跟马来亚合并组成马来西亚。但是不到一年，也就是在 1964 年 7 月，新加坡发生了马来人和华人冲突的种族暴乱。李光耀陷入了同马来亚执政党巫统中的马来极端分子的不断纠缠和斗争中，这些人一心一意要建立一个由马来人支配的社会。到了 1965 年 8 月，新加坡别无选择，只好脱离马来西亚。

种族暴乱的惨痛经历，促使李光耀和同僚们下决心要建设一个平等对待所有公民，不分种族、语言和宗教的多元种族社会。多年来，他们制定政策时都坚守着这个信念。

严重的危机接踵而来。

1969 年 5 月 13 日，马来西亚举行大选数天后，吉隆坡发生了华人和马来人之间血腥的种族暴乱。身在新加坡的华人和马来人都紧张起来，人人担心这场种族冲突会蔓延到新加坡。

担忧变成了事实。

逃到新加坡的马来西亚华人，追述他们的亲戚在那里遭受的种种暴行。有关马来人的野蛮行径和马来西亚武装部队处理当时情况明显偏袒的话一传开，不但使新加坡人提高警惕，也使他们感到愤怒。

在新加坡，占多数的华人群情激愤，要为他们在吉隆坡的华人同胞报仇。

5 月 19 日，二三十名华人青少年，在苏丹门靠近苏丹伊斯兰教堂的马来人活动地区打了几个马来人。在离莱佛士书院不远的地方，一名马来人被枪杀。这场冲突断断续续地延续了几个星期。

听到消息，当时身在美国的李光耀用最快的速度回国。

6月1日，李光耀到马来人聚居地区访问。那里刚刚发生过一场严重的种族冲突。时任国防部长林金山陪同李光耀一起前往，在整个冲突过程中，一名华人和三名马来人遇害身亡，11名华人和49名马来人受伤。

当他们乘车经过被部署在那里的新加坡陆军的马来士兵面前时，李光耀和林金山两人马上觉察这些马来族士兵个个一脸怒容，很不友善。就是陪同李光耀的马来人警监，也脸色难看。李光耀想不到种族问题在新加坡一下子变得如此敏感。

李光耀能感受到马来人的恐慌。这次的冲突跟1964年的种族冲突截然不同。当年，警察部队和军队中马来人占多数，由吉隆坡的马来领袖控制，这些领袖特别照顾马来同胞，对华人则格外苛刻。这次轮到新加坡的马来人担心害怕。因为尽管警察部队中还是马来人居多，可是现在的新加坡，政府的领导者领袖本身就是华人，而且在新加坡，华人占有数量上的优势。

李光耀决心向全体人民，尤其是现在占多数的华族清楚表明政府的立场，那就是：不分种族或宗教，政府将公正地执行法纪！

李光耀指示警察马上采取强硬措施。最终，有参与暴乱嫌疑的684名华人和349名马来人被逮捕。后来，大部分被释放，有36人被送上法庭，华人和马来人各占一半。其中最严重的是指控一名华人企图谋杀，后来他被判罪名成立，必须坐牢十年。

◆第三篇　新加坡的"霸道"家长

1

为了新加坡的饭碗

1965 年 8 月 9 日,照顾 200 万人民生计的重担突然落在 42 岁的李光耀肩上。他带着惶惑不安的心情启程,走上一条没有路标和茫无目的的道路。

独立后的新加坡,像一个断奶的婴儿,举步蹒跚,四面危机。

危机来自各个方面。新加坡的面积太小,只有区区几百平方公里,还比不上中国的香港特别行政区,当时人口却有两百万。其中绝大部分是华人,还有马来人、印度人……,人种、语言、信仰各异。

从地理上来看,新加坡还处在以马来人为主的国家如马来西亚的包围之中。新加坡不但经济上失去了重要的来源,独立后,国家的安全还面临着威胁。

它的处境有点儿像刚建国时的以色列——面积狭小，周围被人口众多、面积广大而且有敌意的阿拉伯国家包围。这也是后来李光耀在军事上引进以色列教官，在诸多方面引进以色列经验的原因。

李光耀一方面积极增强新加坡的军事力量，加强自卫能力，在另一方面，他又如履薄冰地想办法不使新加坡与他的邻居们发生矛盾和冲突。

独立后的困境

新加坡在 1965 年 8 月 9 日迫不得已宣布独立，新加坡再也不是大英帝国的庞大经济体中的那个不可或缺的中转站和贸易枢纽。

上世纪中期的新加坡，位于市中附近的一条商业街，
两旁都是摆满货物的商店

一时间，李光耀和他的同事们感到前途茫茫，不知道何去何从。

吴庆瑞有一次告诉他的年轻下属，每当他自己在新加坡开车经过学校，看到放学的时候，数以百计的新加坡学生蜂拥而出，吴庆瑞就不禁叹气。他发愁的是，他不知道在这些新加坡的孩子在离开学校毕业后，怎么让他们都能在社会上找到工作。

用李光耀的话说，"怎么盖房子、怎么修理引擎、怎么写书，都有专著教导。但是从没见过有这样的一本书，教人如何把一群来自中国、印度和马来群岛等不同地区的移民塑造成一个民族国家，或者如何在岛国转口贸易港的传统角色已经过时的情况下，养活岛上的人民。"

来自西方的时评都预测独立后的新加坡迟早有一天将走投无路。

8月10日，新加坡独立的第二天，《悉尼先驱晨报》发表了一篇文章："三年前，新加坡独立是行不通的概念。从目前的情况看来，它依然是行不通的。"

另一家英国报纸《星期日泰晤士报》十多天后又发表了一篇评论："花费超过1亿英镑建成的英国基地一旦关闭，新加坡的经济将会垮掉。"原因是，英国基地的存在给新加坡人提供了大量的就业机会。由此也可见新加坡的经济在当时是多么的脆弱。

当时的李光耀何尝不是抱有同样的忧虑。但是他尽量不表露出来。

他知道他的职责，是维持士气、为新加坡的人民点燃希望，而不是打击他们的信念。

过去英国殖民地时期，新加坡的工人辛勤地在码头旁的仓库里把堆得满满的橡胶、胡椒、椰干等产品进行分类、加工，为出口做准备。这是新加坡繁荣的一个象征。现在，由于新加坡独立建国，前英殖民地分别成立了不同的国家，这些来自马来西亚和印尼的原料都不再通过新加坡的港口转口，那种繁盛忙碌的景象一去不再，新加坡几乎断了主要的财源。

本来跟新加坡的情况最相似的是香港。但香港这时仍是英国的租界，受英国人统治，而且，香港人本就是中国人，和中国同种同源，有无比广大的中国大陆作为发展经济的腹地，它是中国跟其他西方国家进行贸易的中介，在经济发展的分工上上几乎可以说是中国经济的一部分。

独立前的新加坡原本担当的是贸易中转站的角色，是英国全球性海上帝国的一个枢纽。而现在，李光耀这个新加坡的家长从英国人手里继承的，则是一片没有腹地的小岛，就像一个心脏少了躯体一样。

思量了这些问题和眼前的有限选择之后，李光耀得出这样的结论：

> "在这个位于东南亚的城市岛国要生存下去，就必须非比寻常。为了取得成功，我们必须做出非比寻常的努力，使我们的人民更加团结，更加刚强勇猛，更加有适应力，工作效率必须比邻国高，成本却比他们低。他们一心要绕过我们，取代我们一直扮演的区域转口和中介中心的角色。我们必须与众不同"。

李光耀暗下决心，必须带领新加坡创造一种新的经济模式，尝试采用世界其他地区从未尝试过的新方式。

在李光耀看来，他现在手里所能掌握的最珍贵的资产，就是获得了新加坡人民的信任。

他知道，在新加坡，这个时候即使是左倾的人们，也目睹了一群受英文教育的资产阶级领袖挺身而出，维护他们的利益。他们也都支持他。这将让李光耀可以放手施展拳脚，大干一番。

他觉得他要小心翼翼对待这份刚获得的人民的信任，绝不因管理不当和贪污而糟蹋了它。

新加坡的另一个资产，是它位于世界最繁忙航道的具有战略意义的世界级天然港口，这也是李光耀施政的有限的资本之一。

还有一份珍贵的资产，在李光耀看来，是新加坡人勤劳、节俭、好学的品质。

他们分属于不同的族群，但李光耀相信，只要政府的政策公平、不偏不倚，在国家遇到困难的时候，由大家共同平等的分担责任，而不是把代价转嫁到少数族群的头上，那他们就能共处得很融洽。

独立之初的李光耀睡不安枕。这时的李光耀40出头，本是精力充沛的年纪，却常常睡眠不足。李光耀接到他的政府部长和官员们像雪片一样发来的各种文件、发展计划，这些文件堆积如山，上面贴着"立即处理"或是"紧急处理"的标签，李光耀进行着超强度的工作。

一天临近中午时分，刚履任的英国最高专员约翰·罗布带来了英国首相威尔逊的口信。李光耀实在太累了，在家中躺在床上接见了他。

威尔逊表达了对新加坡未来的担忧。但李光耀冷静地这样回复英国首相：

　　"请别为新加坡担心。即使在极度痛苦的时刻，我和同
僚们都会保持冷静和理智。在政治棋盘上举起任何一枚棋子
之前，我们会衡量所有可能发生的后果……我们的人民具有
战斗的决心和确保生存的条件。"

为了新加坡人的饭碗

　　很早的时候，李光耀因为是家中长子，就开始扮演一家之长的
角色。而且青年时期的李光耀就不乏独立谋生的意识和生意头脑。

　　现在，新加坡一独立，李光耀又成了新加坡这个国家的家长。

　　一个国家和一个家庭一样，面临的问题就是，怎么生活，怎
么过日子。

　　作为一个家长，最需要费心操持的，就是这个新生国家的生
存问题。给几百万新加坡人谋饭碗、谋就业，怎么使新加坡走上
国强民富的路子，成了李光耀心头的头庄大事。

　　反观同时期的中国，由于文革，正常的国家建设正受到极大
的政治干扰，而周边的许多东南亚国家也莫不如此，乱糟糟的，
深陷于政治斗争、族群的复杂矛盾之中。

　　李光耀务实的性格在新加坡先人一步的经济腾飞上起到了决
定性的作用。

　　李光耀过去曾经认为，一个国家能不能繁荣富裕，主要取决
于有没有领土和自然资源，例如，雨量是否充足，是否有发展农
业所需的肥沃土地、有价值的矿藏和石油、天然气等等。

　　掌权若干年以后，他的想法转变了。

　　在他看来，新加坡不同种族、受教育程度不同的人群表现的

不一样，使他逐渐得出了这样的结论：起决定性作用的是人——他们的天赋才能，加上受过的教育和技能训练，以及他们政府的组织结构、领导方式在创造财富时是至关重要的。

相比之下，李光耀觉得他的很多去英国留学的前殖民地同学们的想法就很幼稚了。

这些人认为，只要自己民族的人取代英国人的统治，得到当家作主的地位，国家自然而然就会繁荣昌盛，他们简单地认为独立自主就是国家富强的关键。

偏偏李光耀的上述英国同学里很多人后来在从英国完成学业回到自己的国家后，进入政界，甚至当上了领导人，领导自己的国家。

太多的例子证明他们想的过于简单。

仅仅看一个离人们生活最切近的例子，就是南非。在1994年，由于南非黑人的不断反抗和以西方国家为主的国际社会的制裁，南非结束了白人至上的种族隔离制度，一夜之间，黑人取得了多年来梦寐以求的当家作主的地位。

但是南非的黑人并没有随着翻身解放就日渐过上了富足的生活，反而由于大量黑人在种族隔离时期没有受到良好的教育、形成专业的职业素养，加之企业和国家机构中有经验的白人纷纷移民，导致南非的经济发展一落千丈，政治领域腐败丛生又产生了许多新的社会问题。据2010年统计，南非成年人的就业率仅为41.1%，而同期非洲的坦桑尼亚、乌干达则达到80%

历史进入了一个新的时代，民族国家纷纷独立。这个时代的主题，也再不是靠侵夺领土、发动战争来壮大自己，战争的结果往往是两败俱伤。

在李光耀看来，"自从第二次世界大战结束以来，通过国际贸易和交换货物劳务进行的竞争，使参与的所有国家的产值得到最大限度的增加"，这才是国家强大的关键。

自强独立

1968 年至 1971 年，新加坡的经济蒙受重挫。

这一时期，英国分批从新加坡撤出。英国人在新加坡使用的房地产面积共达 15000 英亩，占新加坡总面积的 11%。而围绕着英军基地的新加坡相关产业，占到了新加坡国内生产总值的 20%，并且给新加坡提供了三万多份工作。并间接地提供另外四万份工作。

1967 年，李光耀前往另一前英殖民地国家——位于地中海的岛国马耳他考察，他想去取取经，看看当地人如何应付英军撤退后的国家发展问题。

一看之下，一切让李光耀感到匪夷所思。

这个时候，正是阿拉伯国家和以色列爆发著名的"六日战争"的三个月后。因为国际禁运，苏伊士运河彻底关闭，所有军事和商贸船只不能通过运河。马耳他港口的船坞也因此无事可做，处于关闭状态。

但是李光耀看到，这里的码头工人照旧能领到全薪。工

驻新加坡的英军士兵在
小商贩那里买东西。

人们还把干船坞里注满了水，在里头玩打水球的游戏。

原因是，英国人许诺给予这些工人以较为丰厚的裁员补偿，被裁者过去每服务一年便能获得五个星期的补偿薪金，这些工人还被安排到马耳他的相关政府机构接受三个月的职业培训，以便他们掌握一门技能，另谋职业，费用也由英国人支付。

李光耀想，"他们竟然指望英国不断施舍"，并打算靠这个生存下去。

李光耀可不认为英国人的慷慨对马耳他人是一件好事，在他看来，虽然过得了一时，但过不了一世。这么一来，人民的自力更生精神没了，却养成了依赖心和惰性。

李光耀还到过另一个英联邦国家，同样是岛国的牙买加。牙买加的是面积 10，991 平方公里，资源丰富。在许多人眼里，那里的人们生活悠闲，喜欢唱歌跳舞，很能喝酒，但在李光耀看来，那里的人民"刻苦耐劳的精神早已随着奴隶制度一起被淘汰了"。

牙买加人也等着英国人的援助，一片轻松悠闲之态。这种气氛让李光耀产生了警惕——新加坡人不能这样，不能乞讨过活，这绝不是长久之计！这是李光耀万万不想在新加坡看到的情形。

李光耀不想让他的新加坡变成这个样子。他深深知道新加坡的家底。面积小、没自然资源可言。如果说唯一有价值的，就是地理位置处于马六甲海峡这样一个交通要道。想要存活下去，而且不受欺负，新加坡人的路都只能靠勤奋、创造、自力更生走下去。

在李光耀看来，新加坡的的生存原则很简单，只有一个：新加坡人必须比本区域其他国家更加刚强勇猛，更加有组织和富有效率。

在李光耀看来，即使新加坡的自然条件再好，如果没有办法超越邻国，就不能吸引投资者。换句话说，尽管新加坡缺乏国内市场和天然资源，新加坡一定要提供良好的配套条件，让投资者感到在新加坡有利可图。

李光耀下定决心，在面对英国的援助——应该说是任何外来援助的时候，新加坡人绝对不抱和马耳他人一样"等靠要"的心态，而是恰恰相反。

1967年9月9日，李光耀考察回来，在国会里毫不含糊地讲："英军进驻之前，新加坡已经繁荣昌盛。如果我们做事明智，干劲十足，英军的基地拆除之后，新加坡会变得更强大，经济上更依靠自己。"

英国人答应在从新加坡撤军后，给予新加坡"可观的援助"，抵消由于英军撤退带来的经济损失。他们希望看到一个繁荣、亲英的新加坡继续存在下去。

李光耀向英国人表明这样的态度，希望英国人尽早通知新加坡，哪些设施可以转为民用，同时希望援助的结果是使新加坡增加更多的就业机会，而不仅仅是援助一笔钱了事。

1968年2月，李光耀告诉新来的英国最高专员阿瑟·德拉马尔爵士，"英国政府给什么新加坡都接受，但我们绝不强求。"他说，"你们可以把你们认为没有用的东西留下来给我们，而不是按照惯例把它们毁掉。这样不但卖了个人情，还可以使亲英情绪得以在新加坡保持下来。"英国人表示同意。

李光耀还不忘提前告诫新加坡人，"国际社会没有责任为我们提供生计，我们不能够靠讨饭钵过活。"他要给新加坡人的心中注入危机感和压力。

他向新加坡人发表了这样的广播讲话："新加坡如果是个软弱的社会，早就毁灭了。软弱的人民会推选答应以轻松的方式解决问题的人，而事实上这种方式是不存在的。新加坡的一切都不是免费的，连用水也得付钱……英国人离开之后，这里会出现一个蓬勃兴旺的工商业和通信中心，历久不衰。"

1968 年 3 月，新加坡与英国的撤军谈判结束，英国答应向新加坡提供 5000 万英镑的资金援助，但只能用来买英国的货物和服务，其中 25% 是赠款，75% 是贷款。把三巴旺的海军船坞移交给新加坡，条件是由英国公司代管五年，

这个时候韩瑞生告诉李光耀，美国人来看了看这个海军船坞，表示会试用三巴旺的修船设施，这给新加坡带来了四、五百万新元的生意，李光耀听了感到高兴。

韩瑞生有条不紊地把英军留下的房地产改为经济用途，他负责的经济发展局，吸引了世界各地的投资者前来，在前英军占用的土地上开设工厂。

到英军在 1971 年基本完全撤离时，英军留下的土地和建筑没有一块和一幢是荒废弃置的。

英国人给新加坡留下的一个营的兵力和一个中队的直升机机队，加上一批澳大利亚部队和新西兰部队，在新加坡组成了五国联防，保护新加坡的安全。

求商若渴

新加坡独立后几个月，一位被派来协助新加坡制定经济发展政策的印度官员，交给李光耀一份厚厚的报告。

李光耀看了看，客气得向他道谢后，便把这个报告放在了一边。

报告里说建议新加坡和马来西亚建立共同的市场，利用马来西亚庞大的面积和市场作为发展经济的基础。这位官员太不了解情况了，他提的这个建议虽好，但是不可能实现的。马来西亚根本不愿意与新加坡合作。现在新加坡独立建国，建立共同市场就更不可能了。

而该地区的另一个大国印度尼西亚对新加坡的态度则简直是敌视的，双方几乎没有贸易往来。

新加坡原本扮演大英帝国在东南亚的行政、商业和军事中心的角色，但现在早已丧失了扮演这个角色的资格。

如果不能为新加坡的经济发展找到新的出路，按照经济专家的预测，到1966年底，新加坡的失业率预计将超过14%。这意味着在新加坡社会也可能像一些东南亚国家一样出现动乱。用荷兰经济顾问温斯敏的话说，"新加坡正走在刀刃上。"

早在1961年，温斯敏首次率领联合国开发计划署的一个调查团，到新加坡来指导新加坡实现工业化。

他曾给李光耀提了两个发展经济的要点，一是用一切办法阻止左翼势力上台执政，二是不要拆除新加坡的莱佛士塑像。

他的建议，无非是要新加坡做给西方世界看，让欧美资本家们知道，新加坡不会大搞社会主义那一套，而是保留了英国的文化和传统，博得他们的好感。

李光耀对英国人莱佛士的塑像倒没什么意见。

要不是这位莱佛士先生在1819年来新加坡，把这里建设成一个贸易站，李光耀的祖父也不会从中国大陆下南洋到这里讨生活,并且成为这里的上流阶层,要是在当时的清政府治下,在李光耀看来,那他只能艰难维生,绝不会有那样的成就。

但这些建议看上去很美,却不能解决新加坡眼下的吃饭问题。

李光耀指示负责经济的部长们四处出击,到世界各地找机会。

新加坡的狮身鱼尾像

1965 年,李光耀派当时的财政部长林金山带着贸易代表团,抱着"也许还能招到一点生意"的渺茫希望到非洲地区访问。代表团由新加坡的四个商会和厂商公会的成员组成,他们马不停蹄地访问了东非和西非的多个国家,但没做成几笔像样的生意。

这时,一个饮料制造商人向李光耀提了个建议,"为什么不在新加坡发展旅游业呢?"

这倒是个好主意。旅游业是劳工密集型产业,需要厨师、女佣、侍应生、洗衣工人、干洗工人、导游、司机和制造纪念品的手工艺人,而且不需要大规模的资金投入。

李光耀一听,马上拍板,先设立新加坡旅游促进局。李光耀找到东南亚的电影业巨子邵氏兄弟公司的老板邵仁枚当旅游促进局的主席。

1930 年，邵仁枚与邵逸夫就在新加坡成立"邵氏兄弟公司"，到 1937 年抗战前，邵氏兄弟在新加坡、马来西亚、瓜哇、越南等地已拥有 110 多家电影院和 9 家游乐场，称雄东南亚电影市场。李光耀想，邵仁枚是最适合担任这个职位的人选，他对娱乐项目的包装和宣传这些事情了如指掌、轻车熟路。

邵仁枚很高兴李光耀能请他来做这件事，给新加坡的建设出力。

他帮助新加坡发展旅游业的一项举措就是，请人设计了新加坡著名的狮身美人鱼鱼尾的塑像，被称为"鱼尾狮"。塑像用混凝土制成，安放在新加坡河口。塑像落成的日子，李光耀亲自主持了启用礼。

旅游业给新加坡人带来的就业机会不少，但还远不能彻底解决问题。

靠做商业、扩大转口贸易也不行了，办法想尽，摆在李光耀和他的部长们面前的，还剩下了一个最行得通的路子——工业化。

如果在新加坡能兴办大量的工厂，制造世界所需的工业产品，就能带来大量的就业机会。李光耀和他的部长们集中精力干这件事，想方设法招商，到新加坡投资建设工厂。

新加坡只有 200 万人口，可以说国内市场需求是很小的，这个时候李光耀也毫不忽视发展本国产业，出台了一系列经济政策，保护本地的汽车装配、冰箱、空调、收音机、电视机和录音机产业，还鼓励新加坡本地商家开设小型工厂，制造植物油、化妆品、蚊香、洗发水，乃至于小到樟脑丸。

新加坡还想办法吸引了香港和台湾的投资者，到这里来开设玩具厂、纺织厂和制衣厂。

独立后的几年里，几乎任何有意向、有可能来新加坡的世界各地厂商在新加坡都像贵宾一样大受欢迎。新加坡简直到了"求商若渴"的地步。不论能不能成功，所有的机会李光耀都想试一试。

新加坡找来日本著名的石川岛播磨重工业公司（IHI）合资创立裕廊造船厂，用来造船和修船，建造万吨的巨轮。

但是合作了一阵后，李光耀发现了一问题，新加坡既不能生产钢板、又不能制造引擎，这些原料都必须从日本进口，这对于新加坡来讲简直无利可图，而且造船厂不像修船业一样，需要很多工人，也能制造更多的就业机会。所以合作了几年就停止了。

有一天英国马克斯—斯宾塞公司的董事主席马库斯·西夫跑来找李光耀。他告诉李光耀，他在英国广播公司的电视节目上看到李光耀在上面大谈招商引资。

他热心地说，"你们华人不是手很巧吗？可以制造钓鲑鱼的鱼钩和诱饵啊。"他跟李光耀解释说，这类产品的附加价值高，不需要投资很多钱买设备，但需要很多工人，"只要你们生产出来，我的公司可以帮着给卖产品。"

李光耀听了，心想，"看样子我上电视的时候，一定是看起来可怜巴巴、饥寒交迫的样子，导致这位大董事长亲自抽出时间跑来，给我出主意想办法来了。"

不久之后，果然有一家挪威鱼钩制造公司马斯塔德前来新加坡投资设厂，雇佣了几百个工人，生产各种各样数的鱼钩，产量以数百万计。

这个时期，财政部长吴庆瑞也一点儿都没闲着。他像赶场一样，到处参加工厂奠基礼。参加完奠基礼，过一阵子再参加同一个工厂的开幕礼，这样，这家工厂无形中得到了两次宣传的机会。

即使是最小型的加工厂，哪怕只雇佣几个工人的樟脑丸厂，也能得到国家财政部长吴庆瑞前来捧场的荣幸，他简直比工厂自己的推销员跑得还积极。

跨海贸易的启示

1967 年 10 月，李光耀曾第一次到美国进行官方访问。在芝加哥一个午餐会上，向几名商人讲述新加坡如何从 1819 年时一个仅有 1120 人的渔村，发展成为拥有 200 万人口的大都市。

李光耀说，新加坡能这样的发展，因为新加坡信奉这样的理念："我们向世界提供的货物和服务比任何人都便宜，质量也更好，不然我们就是死路一条。"

与会的人们听了李光耀讲出这样的一番话，感到意外，也感到欣赏。

他们原以为李光耀来这里，是为了向他们寻求援助，而这些人对于第三世界新兴的独立国家的领袖在这种场合伸手求援早就习以为常，却没想到李光耀有着高度的危机感和自强的意识，并充满着自信。

1968 年秋天，手头要处理的事务暂时告一段落，李光耀去美国哈佛大学，他想度一个短期进修假。这时，李光耀当总理已有九年，他想，他该充一充电了，他应该为新加坡找一些新的点子，好好思考一下新加坡未来要走的路。

哈佛大学给了李光耀很好的接待，李光耀每天和这里的著名学者、教授交流，听取他们的见解，了解美国社会和经济发展的状况。

哈佛大学商学院教授雷·弗农让李光耀知道科技的发展对世界的影响，海空运输的便捷，大大增加了一个国家提前实现工业化的可能性，只要这个国家秩序良好、人民守法，工人有机会受到培训如何操作机器，那里的政府又能保持稳定和高度的办事效率，给外国企业家制造便利。

这给李光耀了很大启发，李光耀马上联想到了以色列的情况。

以色列地处中东，被阿拉伯国家包围。以色列人面临的安全环境比新加坡还严峻得多，跟它周围的人口庞大的阿拉伯国家比，以色列也是个小不点儿，而且还和这些领居们不断爆发战争，长期处于敌对状态。

但以色列人却想出解决困境的办法，经济建设搞得不错，它主要是靠和离本地区之外的较为遥远的欧美国家进行贸易，这依赖的就是长距离的海空运输。

"新加坡也要这么搞，"李光耀想，"既然新加坡邻近的国家不想协助新加坡的发展，新加坡必须跟那些欧美、日本的发达国家和地区的经济结成一体，要让欧美这些发达国家成为新加坡的经济腹地。"

60 初年代初，新加坡致力于吸引台湾和香港的商人到新加坡投资设厂，但他们带来的是技术含量不高的工业，如纺织厂和玩具厂，虽然也是劳工密集型产业，但是规模不大。这不禁让李光耀和他负责经济发展的同事们泄气。

摸索来摸索去，大家决定应该把希望寄托在欧美的跨国大企业身上。

如果美国跨国公司到新加坡来，一定会设立高科技的工厂，规模大，需要的工人数量也庞大。这些大公司财大气粗，而且背后有强大的美国政府做后盾，他们相信美国政府的军事力量将会继续留在东南亚，从而使它们的资产有保障，不怕蒙受战争的损失或被当地的政府轻易侵犯。

"必须把这些国家的工业制造商吸引到新加坡来，在新加坡投产，然后把产品卖到世界市场上，"李光耀想。

这个时候，发展中国家的经济学家中仍流行着这样的看法，即新的殖民主义在剥削不发达地区的人民。这类经济学家普遍认为，发达国家跨国公司利用发展中国家的廉价土地、原料和工人生产出产品，然后反过来在这些地方倾销他们的消费品，并勾结当地的国家和政府一起剥削和压制人民。

李光耀和他的同事吴庆瑞对这一类的观点无法产生共鸣。

李光耀想的是，反正新加坡也没有丰厚的天然资源可供跨国公司掠夺，这里只有勤劳的人民、良好的基础设施，更重要的是，还有决心尽职尽责的政府和领导人。

李光耀想解决的是 200 万人的生计问题。如果这些发达国家的跨国公司能给新加坡人提供工作，并教授他们工作技能和管理技巧，新加坡就应该大力欢迎他们来。

大家的想法很快趋于一致。那就剩下具体的操作了，李光耀和同事们制定了双管齐下的策略以打开局面，不外乎两条：一是大力兴建新加坡的基建设施，创造良好的投资环境；再就是大力招商引资了。

新加坡的推销员们

1968 年 11 月，李光耀到纽约经济俱乐部，在那里向大约 800 名世界级企业的主管人士发表演说。李光耀向大家分析新加坡的问题，和本地区存在的危险，尤其是越南战争。

他的话冷静务实、切合时势，把听众们给吸引住了。

李光耀演讲之后，新加坡经济发展局驻纽约的代表曾振木发现，他再想会见美国企业界那些数一数二的主管的话，比以往容易多了。

曾振木是新加坡经济发展局的年轻官员，刚到美国的时候，主要的工作内容就是到处"跑腿"，挨家访问美国的大公司，希望他们在新加坡找到商机，游说他们去新加坡考察。

可是，这些美国人连新加坡在哪儿都搞不清，要曾振木在地球仪上指给他们看，才能找到那个位于东南亚马来半岛最末端的小点——新加坡。

曾振本对李光耀说，很多美国大企业的主管不一定有时间到新加坡亲自走一趟，最好让他们尽可能地了解新加坡的情况，以便评估。

李光耀知道美国人如何衡量商业风险：他们要去的地方是政治稳定、经济稳定、金融稳定，以及良好劳资关系的国家，以确保生产活动不受干扰，从而源源不断向子公司供货、向世界各地的消费者提供产品。

和这些美国的企业家们一起吃饭的时候，李光耀不敢大吃大喝，怕影响状态，要留出力气演讲。和大家谈话，还要保持敏锐和机警，争取给大家留下一个好的印象。他得扮演好新加坡推销员的角色。企业家们听了李光耀生机勃勃、言之有物的演讲很有收获，有时候，出席经济俱乐部宴会的企业家人数比原定的超出一倍。

早在 1961 年 8 月，新加坡就成立了经济发展局，吴庆瑞选中了韩瑞生担任经济发展局第一任主席。韩瑞生拥有这样的权利：他可以在那些从英国、加拿大、澳大利亚和新西兰的大学学成归来的最优秀的学生中挑选自己的部下。

韩瑞生身先士卒，而年轻人们则干劲十足。经济发展局在韩瑞生的领导下，官员个个生气勃勃，碰到困难的时候总能匠心独具的化解，让李光耀看了喜在心头。李光耀指给他们的只有一个目标——为新加坡引进更多的投资，制造更多就业机会。

这个时期，经济发展局的年轻官员四处奔走，干着这些吃力的"跑腿活"，想方设法游说他们亲自实地考察，希望引起外国投资者到新加坡找到商机。

由于韩瑞生领导有方，以致于经济发展局的事业不断壮大，几个下属部门后来不得不独立出来，自立门户。例如，发展局里管理工业区的部门发展成为裕廊镇管理局，金融发展部则派生出了新加坡发展银行。

从经济发展局后来还走出了三名新加坡的内阁部长，丹那巴南、李玉全和姚照东。另一个骨干比莱后来曾任新加坡航空公司的主席，在他的领导下，新航成为亚洲最能赢利的航空公司之一。经济发展局的严崇涛则在后来担任了新加坡发展银行主席。

吸引欧美跨国公司

在吸引外资方面，李光耀的新加坡政府积极地扮演关键角色。

1968 年 10 月，美国的德州仪器公司派人到新加坡来接洽设厂事宜，在新加坡，装配在当时属于高科技产品的半导体。一番考察过后，德州仪器公司倒也痛快，做出决定，计划在 50 天内建成厂房，投入生产运营。

这不禁引起了德州仪器的竞争对手——惠普公司的注意。没过多久，惠普公司也准备派专人到新加坡实地考察，一探虚实。

经济发展局毫不怠慢，派专人接待，对方要看什么资料，能提供的立刻提供。不久惠普公司的老板比尔·体利特决定亲自杀到新加坡考察，他提出先要一块地建设厂房。

在谈判进行期间，惠普方面决定先租用一栋六层楼建筑的最高两层，搭建设备进行试运营。但这座大厦内用来承载重型机器的电梯必须安装大型的变压器，到体利特本人来访的时候还没安装调试好。为了让体利特不至于爬六层楼梯，经济发展局用最快的速度从相邻的大楼接了一根巨型电缆，让他到访当天就顺利乘上了电梯。看到新加坡人的效率和积极的姿态，他决定在新加坡投资。

这个上楼的故事很快在美国大公司的会议室里流传开了，其他的美国电子公司接踵而来。

同一时期，中国处于文革期间，很多投资者认为台湾和香港太靠近中国，便转移到新加坡进行生产经营。无论谁来，新加坡的经济发展局都大力欢迎，只要一找到有增长潜能的投资者，经济发展局就绝不放过，竭尽所能地协助他顺利在新加坡开业。

新加坡大力整治城市的基础设施，向外来厂商提供精心策划的工业园，建立良好的劳资关系。规模最大的基础建设是发展裕廊工业区，面积达到9000英亩，无论是周边的公路、园区的污水处理和排水设施、电力或水供应，一应俱全、运转良好。

1961年，新加坡只发出了12张新兴工业证书。在1963至1965年新加坡加入马来西亚期间，吉隆坡的中央政府一张证书也没批准。

但到1970年底，新加坡颁发的新兴工业证书已经有390张，持有这张证书的投资者在经营中可以得到免税五年的优惠待遇。1975年之后新加坡发出的证书把免税期延长到十年。裕廊镇这时生气勃勃。

上世纪70年代，《美国新闻》周刊、《时代》周刊等美国杂志，频繁刊登有关新加坡的报道，报道新加坡的巨大成就。

这时，美国通用电气公司在这里开设了六家分厂生产电动机械，到上世纪70年代末，通用电气成了在新加坡雇佣劳工最多的企业。美国跨国公司为新加坡奠定了庞大的高科技电子工业的基础，把新加坡转变成上世纪80年代一个电子产品的主要出口国。

到了1997年，新加坡有将近200家美国制造公司，投资账面价值逾190亿新元，在所有外来投资国当中高居榜首。而且在李光耀看来这些企业做得最好的一个方面是，随着时间的推移，这些企业不断地更新生产技术、提高生产力，他们能给新加坡人支付较高的工资而不至于丧失竞争力。

在英军撤出新加坡之后，许多英国公司也随着英国国旗撤出。当时，李光耀极力争取留住英国公司在本地投资，但这些英国公司不为所动，他们觉得，还是在英国本土发展比较保险安稳，纷纷撤走。

新加坡最初的投资者其实主要是英国人，并且，把新加坡和周边地域引进国际社会的也正是英国人、荷兰人。

有时候李光耀会想，这些以前的帝国花了很长的时间在殖民时代建立社会秩序，发展贸易和投资，中间却又畏缩退场，而美国、日本的投资者大举进入，"这等于把自己犁过的土地白白送给别人来播种。"

李光耀觉得他们考虑得未必肤浅。他想，这些英国公司回到本土，将要面对工会的压力和英国的高税收，撤走不见得符合他们的经济效益。不出所料，到了上世纪 70 年代末期，一个稳定繁盛的新加坡展现在世界面前，李光耀看到，英国投资者们又急切地想回到新加坡来。

1973 年 10 月爆发阿以战争，阿拉伯国家随之实施石油禁运，油价猛升三倍，使世界经济蒙受严重的打击。这一时期，新加坡的经济增长显著放缓，从 13%（1972 年）下降到 4%（1975 年）。与此同时，通货膨胀率从 2.1%（1972 年）提升到 22%（1974 年）。但就业状况没有出现大的起伏，失业率依然保持在 4.5% 上下。

不同的大型跨国公司把各个种类的工业带进了新加坡。经济发展局长和李光耀有时会看好并推动一些适合新加坡的行业，如修船、炼油和石油化学、银行和金融，但更多的时候，想做什么产业去赢利，他们把选择的权力完全交给这些公司。李光耀相信，不同的产业在新加坡并存共荣，有利于分散新加坡的商业风险。

几家美国电子公司制造了大量的就业机会，失业对于新加坡已经不是问题。

这些大公司的主管在决定投资新加坡之前，一般都有机会亲自见一见李光耀。

李光耀留了个心，他嘱咐相关部门，要定期地好好保养从新加坡的机场到酒店，和到总理公署的道路，在两旁种满灌木和乔木，使道路两旁整洁美观。

这些大公司的主管一乘车进入总统府的附近的区域，就能看到市区中心一片片高低起伏的草地绿洲，和高尔夫球场。而他们马上会联想到，生活在这里、建造这一切的，是聪明、可靠、有序的新加坡人。在李光耀看来，这是说服他们进行投资的再好不过的办法了。

回报李光耀的是斐然的成果——美国在新加坡制造业的投资不久便超越英国、荷兰和日本，位居第一。

上世纪 70 年代末，李光耀早已把新加坡缺乏投资和就业机会的老问题抛在了脑后。

失去了马来亚腹地的新加坡，已经成功地在欧美找到并巩固了新的经济腹地，现代通讯和运输的发达把新加坡的经济同这些国家紧密地联系在了一起。

这时的李光耀所思考的新问题是，如何改善新投资项目的质量，以及如何提高工人的教育和技术水平。

取消贸易保护

1975 年石油危机过去了，世界经济开始复苏，新加坡经济恢复了增长，就业率也很理想。这个时候，李光耀和他的同事们对于本地的产业开发用不着采用来者不拒的态度了，而是有条件进行从容地选择，他们打算精挑细选，优胜劣汰，保持新加坡的竞争力。

经济发展局官员有一次曾经询问本地一家汽车装配厂的负责人，为了维护本地产业而征收的保护性关税，还需要维持多久。结果得到的回答是不假思索的两个字，"永远"。他还提出了一些原因，例如，新加坡工人的效率还不能和西方的同行相比，例如德国人。

李光耀和同事们听了他说的这个原因，二话没说，也马上做出了决定：取消新加坡针对外来相关产业的保护性关税，让装配厂关门大吉。

不久，针对冰箱、空调、电视机、收音机和其他电气与电子消费品的装配厂的保护性关税也一一取消。

李光耀不能容忍一个没有竞争力、养尊处优的新加坡。

罢工就是叛国

在 1968 年的一次与新加坡工会代表的见面会上，李光耀恳切地对大家说，"对新加坡的生存来说，良好的劳资关系比工人加薪更重要。"

在刚刚过去的一年，1967 年，由于新加坡的卫生部推行新的清洁工人工作制度，引发了 2400 多名工人发动了大规模的罢工。李光耀指示政府针锋相对地应付罢工行动，不做退让。

在这次见面会上，李光耀回忆了刚刚过去的一年里，同一时期在英国发生的码头工人大罢工事件，这次事件的涉及面很广，

1965 年 5 月 1 日，李光耀和工人代表谈话。

间接导致英镑危机，使这个曾经的全球性储备货币在 1967 年 11 月 18 日大幅贬值了 14.3%，给英国经济造成了一次重创。

李光耀这时口气有些严厉地说，"要是我们的港口发生这种事情，我会宣布那是犯了最严重的叛国罪……"

这个话让人们乍一听不禁感觉有些刺耳。但是他们慢慢理解了李光耀的思路。

是的，如果由于劳资纠纷而打击了新加坡的整体经济环境，那么即便是工人们得到了眼前加薪的好处，但将会损害他们的长远利益。而这样的话，也只有李光耀这样的领导人敢说出口。

其实在当律师的时候，李光耀倒是替新加坡工人们打了不少劳资官司，出任工会的法律顾问和谈判代表，和当时的英国殖民地政府以及企业谈判。这在当时让初步政坛的李光耀在新加坡获得了很高的政治声誉。

此时此刻成了当家人，管理着国家柴米油盐的日子，李光耀想想以前的做法，当时的工人确实生活非常艰辛，李光耀乐于挺身而出替他们发声，但毕竟考虑问题过于单纯，这时一想，简直有点儿悔不当初。

在当时，清洁工人们争取到了在公共假日加班，则能得到相当于往常三倍的薪水。这本来是好事，结果，很多工人故意在假日前夕不及时清理所有的垃圾，那就一定要加班。这可不是什么好事，要是罢工不仅仅为了反剥削，和政府抗争的目的是为了不恰当的利益最大化，那在李光耀看来无法容忍。

更何况，此起彼伏的劳资对抗、罢工潮，会吓跑外国的投资者，这对新加坡这样一个缺乏资源的城市国家的经济建设，简直是致命的。

李光耀向当时的新加坡工会领袖，做了个形象的比喻，新加坡的整体经济就像一只鹅，如果发展良好，就能下出金蛋。但是不适当的罢工会杀死这只能下金蛋的鹅。

李光耀动情地说，"工会曾经是新加坡反英政治运动的一分子。政治领袖，包括我在内曾经许诺过，'跟我们一起争取自由吧，英国雇主给英国工人什么样的待遇，我们就给你们什么样的待遇'。诺言一定要兑现，但是必须建立劳动纪律，提高工作效率。"

在新加坡，每年还有几万年青人从学校毕业进入社会。李光耀说，新加坡工会激进的行事作风迫使那些投资者不得不买昂贵的机器来进行生产，尽量少雇佣工人，这种情况简直和英国的现状大同小异。而这将造成一小批享有特权的工会会员领取高薪，同时待遇太低和未充分就业的工人则越来越多。

在新加坡，40 年代末期到 60 年代，是一个革命思潮蓬勃的时期，罢工、怠工和动乱丛生。1961 年 7 月到 1962 年 9 月，新加坡发生了 153 次罢工行动，创下新加坡的记录。但李光耀执政几年后的 1969 年，二战后第一次，在新加坡全年没有发生过一起罢工或停工事件。

李光耀对工人们的思想工作能做得通，不仅因为他说的有理，还和当时新加坡面临的形势有关。

新、马分家给新加坡工会和工人带来的很大的震撼，而且新加坡人人皆知，英国的军事力量马上要撤出新加坡，几万新加坡人可能失去工作机会，天知道还会有什么意想不到的后果。新加坡人的吃饭问题，可不仅仅是再搞几次罢工和劳资对抗能解决的。

由于这时的新加坡弥漫着一种危机感，英军即将撤退可能造成新加坡经济崩溃的危险，新加坡人意识到除非新加坡来个 180 度的转变，摆脱以往那种罢工和暴力对抗不断的局面，转而向稳定和经济增长的方向努力，大家才能过上好日子，否则无异于束手待毙。

在这种氛围下，李光耀针对工人的工作就好做了许多。

但是李光耀也不仅针对工人阶层做工作，对企业主也予以严肃的告诫。他告诉企业主们，如果不顾及工人的利益，和工会对立，只会两败俱伤，摧残新加坡的经济发展。

1968 年 4 月大选中李光耀大获全胜后，推动新加坡的国会在同年立法通过雇佣法令和劳资关系（修正）法令，后来又修订了职工会法令。

这些法令制定了裁员赔偿、超时补贴和附加福利等详细的准则，细化了周末假、公共假日、工作日、年假、产假和病假等不同情况下的薪资条规，给新加坡奠定了劳资关系和谐的基础。

再接下来的一年里，新加坡有 52 家新工厂落成，在 1969 年制造了 17000 份就业岗位。第二年，进入新加坡的投资又增加了 2 万多个工作岗位，工人们的工资待遇也增加了。

1972 年，新加坡成立了由工人、企业、政府三方代表组成的全国工资理事会。

这个理事会每年利用政府收集到的精确数据，就新一年的工人加薪和其他待遇达成共识，提出劳资双方都能接受，同时又能进一步促进经济增长的建议框架。这个框架成为一切劳资谈判的指导原则。从成立之初起，三方代表都同意遵守一个原则：加薪幅度不能大于生产力的提高。

数据最能说明问题，新加坡的失业率从 1965 年的 14% 下降到 1997 年的 1.8% 。从 1973 到 1997 年的 25 年间，工人们的实际工资每年平均增长近 5% 。

在 1997 年的亚洲金融危机中，新加坡蒙受了不小的损失，失业率在 1998 年上升到 3.2% ，为了恢复竞争力，工会同政府达成协议，从 1999 年 1 月 1 日起，推行一整套措施，把工资和其他成本削减 15% 。这个时候的工会，已经能时时和新加坡政府保留着良好的互动，而不会不顾后果地为了争取自己的权益采取一切手段了。

新加坡不搞施舍

英国的工党议员艾伦·亚当斯曾嘲讽李光耀说："如果我们把他的国家当模范，我们的国家就要回到 1870 年人们在血汗工厂夜以继日工作却什么也得不到的时代。"

西方的一些政界人士、媒体以及新加坡的反对党经常对李光耀做类似这样的嘲讽，尤其是一些高福利的发达国家。他们认为李光耀的政府在人民福利方面推行的政策有时候过于无情和严厉。

他们还没有了解李光耀理念的全貌。

早在上世纪40年代末留学英国时期，李光耀目睹了一些高福利带来的社会弊端，工人们干半天歇半天，失去了进取精神，而为了争取选票上台，政客们不断向选民许诺给以更多的社会保障和更优厚的福利政策，往往超出了国家经济所能承受的范围。

在李光耀看来，这种做法的危害早已经显露无遗，它摧残了一个国家的竞争力。

李光耀认为自己也信奉一种人人平等的社会主义。但是这种公平的社会有一个前提，就是每个社会成员都能做到积极努力的工作以回报社会。

另一方面，李光耀也不赞成为了提高工作效率，放手让市场竞争来决定一切的做法，在他看来，人的天赋和能力各有不同，如果市场决定一切的话，势必形成少数人成了大赢家，同时造成为数众多的失败者，给社会的稳定带来极大隐忧。

他既强调人们要努力工作，又力保他们在关键的生活需要上得到满足，没有后顾之忧。

"居者有其屋"

新加坡是一个城市国家，李光耀首先想到了大城市居民一个最重要的生存问题——住房。他要在新加坡建设一个"居者有其屋"的社会。

他有几个方面
的考虑。新加坡独
立后，李光耀发现
新加坡的选民几乎
都居住在新加坡的
市中心。他曾注意
到一个现象，各国
居住在首都的选民
在选举的时候，都
倾向于投票反对现

1965 年 5 月 1 日，李光耀在已建设好的
组屋区和新加坡群众在一起。

政府。为了政治的稳定，最好的办法是让每个新加坡的家庭都拥
有自己的住房。

更直观的原因是，有了自己的房子，新加坡人对这个城市国
家会更有归属感，他们觉得这个国家需要自己去捍卫。否则，人
们会觉得自己所做的一切都是在保卫有钱人的财产。

1963 年 9 月大选中获胜后，在还没脱离马来西亚之前，李光
耀通过建屋发展局公布了"居者有其屋"计划。新加坡建屋局是
1960 年成立的法定机构，目的是为工人们建造廉价住房。

1968 年，新加坡政府又修改了中央公积金法令，把缴交率提
高。建屋局也推出了经过修订的购屋计划，工人可以利用累积的
公积金储蓄缴付 2% 的首期购屋款额，还可以利用正在缴纳的公
积金在 20 年内按月分期，缴还购屋贷款。

新加坡的组屋完善是一步一步走过来的：60 年代解决住房，
70 年代开始加强环境，80 年代要更多的管理，更多的色彩，使房
子多元化，90 年代更多的是整体布置。实践证明，这是李光耀一

个极为成功的政绩。

给投资者以信心

如果说李光耀对于吸引外来投资者有什么诀窍，只有两个字，"信心"。也就是说，给投资者以信心。

1973 年 10 月，石油危机爆发，原油紧缺。危机爆发后几天，李光耀决定向几家在新加坡的外国石油公司发出如下的明确信息：新加坡对这些公司储存在新加坡炼油厂的石油不会伸手要任何特权。

在当时，如果石油危机一爆发，新加坡马上就禁止这些石油公司出口他们在新加坡的存油的话，那么，新加坡将有足够的石油可供两年的消费。

但是李光耀不会这么做，这会让世人感到新加坡毫无信誉可言。

1973 年 11 月 10 日，李光耀会见了新加坡所有的外资炼油公司——壳牌、无比、埃索、新加坡石油和英国石油的首席执行官或经理，向他们公开保证：

> "基于'有难同当'的原则，如果你们决定对客户削减石油供应量的话，也不要对新加坡例外。新加坡也会跟你们其他客户一样接受，不会因为你们在新加坡就对你提出特殊要求。"

这些公司的客户，除了本区域的以外，还有分布在阿拉斯加、澳大利亚、日本和新西兰等地的广大区域，李光耀不要他们在这个时候优先考虑向新加坡供油而损害自身的收益。

这些主管们听到一国的总理做出这样的保证，既诧异，又钦佩，对新加坡政府充满了赞赏。

李光耀想告诉这些大企业的是，新加坡人清楚地知道这一点：新加坡的长远利益，取决于给这些石油企业提供一个再可靠、安全不过的地点来开展他们的业务，这是新加坡对于这些大企业的价值所在。

石油企业们得以满怀信心地在新加坡扩展业务。在上世纪70年代末，这些企业扩展到了石油化学的领域。上世纪90年代，新加坡的炼油总量每天达到120万桶，成为仅次于休斯顿和鹿特丹的世界第三大炼油中心，也成为继纽约和伦敦之后，世界第三大石油交易中心。

此外，新加坡还是世界船用燃料油的最大市场，也是石油化学品的主要生产地。

这就是李光耀用他的智慧和信誉为新加坡换来的硕果。

培养最理想的员工

李光耀自己受过良好的教育，在从政前，一直很自信通过自己所受的专业教育和掌握的专业知识，能过上优裕的生活。他深知教育的重要。

要工业立国，让新加坡人生活在富裕的国家，新加坡需要的是受过良好教育、掌握生产技能的高效的工人。

李光耀向日本、德国、法车和荷兰等国提出要求，要这些国家在新加坡设立职工技能培训中心，由这些国家派出本国的技师

上世纪五六十年代的新加坡女工

来授课。一些培训中心由新加坡政府资助，另一些由大公司如飞利浦、罗莱等共同兴建。

经过几个月的培训之后，新加坡的工人不但掌握了一门生产技能，而且对不同国家的工作制度、文化、管理作风也熟悉和适应。在李光耀看来，他们就是投资者心目中最理想的员工，不但技术水平一点不差，而且，工资水平要低于这些发达国家本地的工人。

在好几年的接触之后，经济发展局终于说服德国相机制造厂罗莱公司把他们的生产业务转移到新加坡。

当时，德国工人的工资很高，由于成本的增加，使他们丧失了在市场上的竞争力。1970 年，李光耀亲自访问德国罗莱公司的工厂，随后不久，罗莱便开始把整个生产活动迁移到了新加坡，在这里制造相机、闪光灯、镜头等。

德国罗莱跟新加坡的经济发展局携手设立了一个培训中心，在精密机械、精密光学、工具制造和电动机械方面培训新加坡工人。罗莱（新加坡）公司制造的相机堪称一流，罗莱的研究与开发工作在德国进行，新加坡则成为生产基地。

但这个时候，世界市场上出现了一个新的强大对手，日本人。他们生产的相机更加简易、实用、小巧。11 年后，德国和新加坡两地的罗莱公司都处于破产状态。这对新加坡的工业化努力真算得上是一次重大的打击。

虽然如此，新加坡倒也不是一无所获。让李光耀庆幸的是，在这家公司工作的 4000 名工人，都受过精密工程技能培训，成了80 年代出现的电脑磁盘驱动器工业的宝贵人力资源。

专注于给新加坡培养大量的熟练工人，却没在新加坡培养和形成一个优秀的企业家群体和有影响力的经商人士，这是李光耀被一些学者诟病的地方。李光耀有时也羡慕香港和东南亚一带有很多华人的商业巨子。

新加坡的很多国有企业的高管是由政府的管理层脱颖而出的。

李光耀相信新加坡人赖以生存的人格是正直、有头脑、有魅力，但是，经营能力和商业才干在很大程度上取决于天赋。每年新加坡都给最优秀的学生颁发奖学金，保送他们到英国、美国、加拿大、澳大利亚、德国、日本的最顶尖的大学留学，李光耀期望从这些人里培养出一些企业家，也有所收效。

这些人后来成为新加坡的海皇轮船和新加坡航空等企业的管理层。李光耀给他们以清楚的指示，就是这些公司必须赚钱，否则就得关门大吉，不要指望政府会"溺爱"他们。

后来新加坡的国营垄断机构，如公用事业局、新加坡港务局和电信局也都从政府管理之下独立出来，自主运作，李光耀要求他们要像任何一个私营企业一样讲求效率、盈利，采取有竞争力的经营方式。

不讲气派，只讲务实

1965 年 10 月，新加坡正式成为英联邦的第 22 个成员。

这给刚刚独立不久的新加坡提供了一个极为重要的国际场合，借以向世界发志。让李光耀感到舒服的是，新加坡和这些英联邦的国家很容易就能找到很多的相似点乃至雷同点，这些政府都使用英语作为官方语言，所推行的很多行政、法律、司法和教育方面的制度都继承了英国殖民地时期留下的传统。

1972 年，时任新加坡总理的李光耀。

　　定期举行的英联邦会议成为李光耀活跃的一个国际场合，他多次参加了这个会议，与各国的领袖建立了密切的交往。

　　1973 年，在加拿大渥太华的英联邦会议召开之际，各英联邦成员国领导人纷至沓来。

　　虽然在会议桌前，无论所领导的国家大与小、人口多与寡，每个国家的领导人都是平等的。但在会场外，李光耀还是能看出差别来。

　　一些重量级的大国领袖出访都乘坐大型私人的客机来到渥太华，处处都显示出非凡的气派。加拿大和澳大利亚的领导人都乘坐大型的波音飞机抵达机场，英国领导人乘坐的是 VC10 飞机。一些经济状况较好的第三世界国家，如非洲的尼日利亚、肯尼亚，领导人也乘坐私人飞机前来。

　　孟加拉国独立后的首任总统谢赫·穆吉布·拉赫曼乘坐的也是一架波音 707 抵达机场，他的专机上醒目地印着孟加拉国的名称字样。李光耀留意到了一个细节，这架飞机在此后的会议期间，在停机坪上停了八天之久。

　　"这样的大型飞机白白地停在机场这么久，真是个巨大的浪费，"李光耀暗想。

　　新加坡驻纽约联合国总部的代表曾告诉李光耀这么一个现象，很多经济不发达国家，往往是国家越穷，它的领导人到世界各地参加国际会议，出行时所租用的凯迪拉克越大越豪华。

　　李光耀禁不住想，这些国家的领导人为什么不借这个场合，以简朴的面目出现，从而最大限度争取世界的关注和同情呢？这是一个多么理想的恰如其分展示自己形象的好机会，将很可能给自己的国家争取更多的援助。

李光耀说，"我不明白，为什么他们不以贫困的一面打动世人的心，让大家看到他们迫切需要援助？"

李光耀自己可不会为了所谓国家的面子这么干。与一些国家的领导人注重形象、大讲排场的作风相比，李光耀完全不看重这些，他乐于搭乘普通的商务客机到世界各地跑来跑去。

"我总想给别人造成这样一个印象，新加坡并不富裕，"李光耀说。李光耀有意要让新加坡在别人的眼中看起来是一个第三世界国家，还并不富裕，他绝不与其他国家的领导人在排场上进行攀比。

上世纪 70 年代中期，李光耀指示新加坡一再向世界银行提出请求，不要把新加坡列入"高收入的发展中国家"，结果被世行一口回绝。

这一下，李光耀省吃俭用地出行也没用了。这个时候，最让他最惋惜的是，这让新加坡丧失了发展中国家在国家经济事务中所能享有的种种优惠待遇。

建设花园城市

1964 年 11 月的一天早上，李光耀在他的总理办公室办公，期间想休息一下，走到了窗前向外眺望，不远处是海滨公园，那里有大片的草地。这时，李光耀看到了几头牛在草地上悠闲的散步吃草。

这些牛是新加坡的印度居民养的，他们习惯于把牛和羊赶到城区有草的地方随意放牧。

就在前几天，有人告诉李光耀，有个新加坡的律师在驾车经过市区边缘一条公路时，由于躲闪不及撞上了一头过马路的牛，车翻人亡。

想起这事，出现在新加坡市中心的这一派田园风光让李光耀看了不禁好气又好笑。他马上叫公共卫生处的官员上来开会，给牛羊的主人规定期限，到下一年 1 月 31 日为止，禁止随意在城区放牧牲畜。再一经发现，视为走失的牲畜，送到新加坡的屠宰厂处理。

期限过后，公共卫生处毫不含糊地在城区抓了 53 头牛，立即送往屠宰场。不久，所有牛羊就从新加坡的市区消失，被主人关到了该关的地方。

开头的一幕之所以让李光耀感到有些刺眼，是因为新加坡一独立，李光耀就开始千方百计，想向世界展示一个和其他第三世界国家不一样的新加坡。

他希望看到的是，使新加坡成为东南亚的绿洲，争取在城市面貌上达到第一世界的水平，这样就会吸引来自发达国家的游人和投资者，使他们逐渐把这里当成是在本地区开展商业、旅游活动的最佳地点。

60 年代的新加坡，不但牛羊得以在城市里长草的地方悠闲地转悠，非法载客的汽车更是在充斥着无证商贩的街道上到处乱窜，随地停车，让客人上下车，至于造成交通堵塞，更是家常便饭。街道上转眼间垃圾成堆，发出各种怪味。偏僻的市区角落，则是一片片简陋的棚屋，人们随地大小便、乱扔垃圾，到处嘈杂声一片。

一到新加坡的部长和议员接待选民的日子，因为各种原因来求助的人总是排成长龙，失业的人由一家老小陪着来要求工作，小商贩来和出租车司机要求发给他们执照，这背后是无以数计没有职业、难为维生的新加坡人和破败的经济状况。

牛羊可以关起来，人民不行。李光耀无法下令一下子取缔这些无照商贩和非法运营的司机，他们把市容搞得混乱不堪，但是他们要维持最基本的生计。

李光耀耐心地等到 1971 年以后，新加坡的就业状况已经比较理想，新加坡政府逐渐给小商小贩发执照，把他们从马路边的人行道限制到街两边设施完全的餐饮中心去经营，直至 80 年代初，基本上完成了这项工作，这些商贩们撑起了新加坡的风味小吃，倒成了新加坡的一大风光。新加坡重组了出租车服务，让这些人一部分转为合法运营，一部分人另就他业，使到处乱开乱停载客的车辆从市面上消失。

绿化是城市最好的衣服。为了把新加坡装扮成为热带花园式城市，终年青翠，一到民众联络所开幕，或工程竣工仪式时，李光耀都会上阵，植树留做纪念。

过了一阵子，他再回去看，发现少数还活着，大部分没种活。而那里的负责人听说总理要来，就补种上一棵。看来没有专人管理还是不行，李光耀便在新加坡的国家发展部专门设立了一个署负责维护工作。

李光耀找个机会，向所有的高级官员和相关主管强调绿化的重要性，他说，"我到过将近 150 个国家和地区，也在接近同样数目的政府宾馆里住过，留下好印象的不是建筑物的大小，而是保养的水平。"

他告诉他们，"从建筑物无人照顾的情形——脸盆破裂、水喉漏水、抽水马桶发生故障、建筑全面失修以及花园荒芜——我就能知道一个国家和它的行政人员士气低落，"他对这些官员们说，"和我一样，那些到新加坡的客人同样会做出这种判断。"

在李光耀的重视下，新加坡的城市里种下了上百万棵棕榈、灌木。城市焕然一新，新加坡人越来越自觉地维护这种美好的环境。用了一年时间，消灭城市里的苍蝇、蚊子，疏通臭气熏天的沟渠和下水道的工程在整个新加坡城市里轰轰烈烈地展开。

1971 年 11 月的第一个星期日，新加坡政府开始举行一年一度的植树日，所有国会议员、民众联络所的主管都要参与植树活动，这个时候种树有个最大的好处，在新加坡，雨季正好开始，免去了大量浇水的工作。

在城市规划的时候，李光耀反对把中产阶级的生活区和工人的生活区划成不同的片区，就像英国人过去做的那样——把总督府周边划为白人区，只有这一区域相对于其他地方来说，整洁、干净、翠绿，而是让新加坡的市民混杂而居，整体改善城市的面貌。

李光耀发现，大自然并不钟爱新加坡，他发现在新加坡草坪上生长的绿草，怎么也不如他在新西兰或爱尔兰访问时看到的那样青翠茂盛。1978 年，李光耀特意请来了一个澳大利亚植物专家和一个新西兰土壤专家前来分析是怎么回事，有没有办法改善？两个专家研究了一番，写了一份报告。李光耀看了之后，百忙之中召见他们，并吩咐管理人员根据他们的意见在总统府的草地上进行试验，结果，草果然碧绿起来。同样的方法马上被推广到所有学校的操场和体育场，不久，蔫黄的草坪和足球门柱旁寸草不生的泥地都变成翠绿一片。整个城市逐渐绿到了李光耀想要的效果。上世纪 70 年代，一位前来参加国庆酒会的法国部长兴高采烈地向李光耀道贺，美丽的绿化城市把他给迷住了。

新加坡成了同一时期本地区亚洲国家里的另类。香港人的官员来看了之后，大发感慨，宣布将根据新加坡的经验，在香港进行为期两年的反对乱丢垃圾运动。

在李光耀看来，如果新加坡和其他国家展开竞争的话，有好多的领域不仅是有害的，甚至是致命的，不如大家争相成为亚洲绿化最好、最清洁、处处鲜花美木的城市，这对提升生活在这里的居民的信心有好处，对吸引投资、观光也大有好处。

李光耀派出了新加坡的植物学家，到世界各地去收集那里的树种，先后引进了8000个不同的品种在新加坡试种，后来发现有2000多种能在新加坡繁衍生长。他们精选了其中适应力强的品种，在全岛各处种植，使新加坡的的绿荫更加丰富多彩。

每逢李光耀因公出国，几个星期后回到新加坡的机场，坐车沿着东海岸公园大道进入市区，看到苍翠的树木、棕榈、绿油油的青草和繁花似锦的灌木，李光耀都不禁感到意气风发、精神抖擞。在他看来，在新加坡推行过的所有城市建设计划中，城市绿化的效益最高。

70年代，还没出任首相的马哈蒂尔曾在新加坡总统府住过，曾问李光耀为什么总统府的草坪会那么绿，等马哈蒂尔一当上首相不久，李光耀看到，马来西亚的首都吉隆坡也搞起了像新加坡一样的绿化。在这些国家的带动下，70年代末，印尼的苏哈托在雅加达也大搞绿化，菲律宾的马科斯总统在马尼拉也推行同样的计划，一时间，东南亚国家搞起了绿化竞赛。

在有机会见到这些领导人的时候，李光耀还不忘鼓励他们，"你们国家的气候也不错，而且你们那里可供选择种植的树木品种更多。"

1977 年 2 月，李光耀最初向他的同事们提到要清理所有新加坡的河流和水道的时候，大家都感到这个计划野心太大了。有企业家说，"干吗要清理？新加坡河向来都是脏兮兮的，这是新加坡传统的一部分！"

这一时期，新加坡的河流污染一半原因是工场生产的废水造成的。李光耀的目标是，每条溪流、小河都清可见底，鱼类能在里面生长。建屋发展局局长郑章远听了李光耀的计划，开玩笑说，"那还不如每星期买鱼放进河里，花的钱比彻底治理要少得多。"

是的，新加坡从一百多年前的一个小贸易站变成大楼林立的大都市，谁都没想过这个问题，大家早就习以为常了。有的时候，人们坐车不用看，光用鼻子闻一下河水中传来的恶臭，就知道到什么地方了。

李光耀决心已定。他在新加坡逐步淘汰了 8000 个养了 90 多万头猪的养猪场，因为猪的粪便是溪流遭到污染的一大来源。此外，除了新加坡农业科技园里的十几个鱼塘和几家钓鱼场外，其他鱼塘全部关闭。

新加坡自 1819 年开埠以来，驳船在新加坡河上川流不息，大量的人生活起居就在河面上，包括做饭、洗澡，大量的生活垃圾直接丢到河里。李光耀制定计划，把他们迁移到新加坡岛的西海岸，把加冷河两岸的小船厂搬迁到裕廊河边，并把几千户新加坡的家庭小作坊，逐步搬迁到有废水处理设备的工业区。

几千名街边小食品商贩被安排搬进建成的餐饮中心，减少了污水的排放。小贩本来习惯了在路旁做买卖，因为既不要缴租金，也方便拉客，而去餐饮中心要交租金和水电费，客流未必理想。但李光耀指挥相关的新加坡，不温不火但也毫不放松地推动

新加坡河边的雕塑

这项工作，并给他们租金补贴。

　　让李光耀头疼的是新加坡的农民安置。新加坡根据农场建筑的面积、农场范围内铺上混凝土的空地面积、果园里的果树数目和鱼塘数目，制定详细的补偿细则，动员农民迁移。但农民们不太高兴，即使随着新加坡的经济发展，补偿的金额很高，他们也不愿意改变自己几十年来的生活方式。结果，他们成了李光耀最坚定的反对者。在被安排搬迁到新加坡建屋局的新组屋一二十年后，每逢新加坡选举投票，这些农民依然毫不动摇地给人民行动党投反对票。

　　1987 年 11 月，李光耀高兴得主持了新加坡河的清河仪式，把具体主管相关事务的官员大大褒奖一番。到了 1993 年，新加坡的荷兰籍经济顾问阿尔贝特·温斯敏博士来到新加坡，他在新加坡河垂钓，结果，真的从河里钓上了一条鱼，不禁跑去向李光耀道贺。

清理河道还带来一个意想不到的收获。随着环境改善，新加坡全岛各处的地价在上升，而上升幅度最大的是河流和水产附近的地段。

大规模的城市建设改变着城市的面貌，处处焕然一新，但很多新加坡的旧迹也从此无处可寻。1970年底，李光耀要求成立古迹保存局，负责保护在历史、传统、考古、建筑设计和艺术性等方面对新加坡历史来说具有意义的建筑物。新加坡保留了一批华人的寺庙、印度庙、伊斯兰教堂、圣公会和天主教堂、犹太教堂，以及19世纪传统的华人建筑物、前殖民地政府办公楼。而新加坡总理和总统的办公场所，仍然是在殖民地时期英国总督办公的总督府，只不过名称为了总统府，这也是为了保持新加坡的历史感。

2

改造新加坡人

李光耀有时被戏称为新加坡的"家长"。

小到禁烟、禁燃鞭炮、禁口香糖，大到提倡高学历者多生孩子，用鞭刑惩罚犯罪等等，在李光耀这里都是大事。采取这些措施，就像家长管教自家的小孩一般，可谓事无巨细。

西方的民主选举很大程度上取决于当时的社会情境和选民的情绪走向，参选人为了当选可能会过分迎合选民的情绪，党派间的斗争也在很大程度上浪费了政治家的精力和社会资源。

明明知道选民的情绪、判断往往不一定正确，不一定符合族群、国家的长远利益，身处于选举体制中的政治家和领导人，为了谋求上位，往往会迎合某些利益集团和选民的短见。政治家们必须迎合选民，而不是"领导"国家，这是民主体制下的怪诞现象。

新加坡不存在这些现象。

李光耀所思所想的，不是如何迎合新加坡人，从而获取选票。他想利用自己的威望和新加坡人给予的权力，改造他的人民，使他们勤奋、知礼、守法，同时让他们享有富足的生活、稳定的社会秩序。他不介意别人说他建立的是一个"保姆之邦"。

李光耀说过这样的一段话："我强调自由只能存在于一个秩序井然的国家，一个斗争不断、处于无政府状态的混局，自由不可能存在。"

在他看来，"在东方社会里，最重要的目标是建设一个井然有序的社会，让每一个人都能享有最大的自由。当代美国社会的一些东西，是完全不能为亚洲人所接受的，枪械、毒品泛滥，暴力犯罪活动，人们居无定所，粗野的社会行为，处处反映了公民社会的崩溃。"

来自英国人的熏陶

李光耀对于礼貌、秩序的最早印象是从英国人那里得来的，而对英国人的印象，在幼年时期首先得自于他的祖父。

到了上世纪 40 年代末，李光耀在英伦三岛有过几个颇感惬意的留学时光。让他感到惬意的，不仅是那里相对凉爽湿润的气候和风光，还有那里朝夕相交的英国人民，以至于

担任总理早期的李光耀

在他后来几十年的人生里，他常常怀念起他记忆里上世纪40年代的英国岁月。

在当年抵达英国的时候，这里刚刚结束了一场空前惨烈的世界大战，英国在二战期间遭到了纳粹德国空中力量的无情轰炸，1940年9月7日至1941年5月10日间，轰炸范围遍及英国的各大城市和工业中心，以伦敦受创最为严重。伦敦已被轰炸超过76个昼夜，超过4.3万名市民死亡，并有约10万幢房屋被摧毁，成为第二次世界大战期间遭受轰炸最为严重的三座城市之一（其他两个分别是德国柏林和中国重庆）。

李光耀一踏上英国的本土，看到在伦敦的城市里的居民井然有序，有条不紊地进行着战后的重建工作。炸弹炸过的地方这个时候已经种上了玫瑰，正芬芳吐艳，悦人心目。

他在伦敦乘坐地铁时，在地铁车站进口处，几种报纸叠成一堆堆放在道旁，过路的伦敦人从中取一份报纸，然后把硬币放到旁边的盒子里，如果放下的是一张大钞票，就自己从里面拿回零钱。行驶在城市里的巴士上的售票员在不断地提醒客人"上车当心，走好"之类的话。

当时，李光耀看到这种情景，心里由衷想："啊，这是个有教养的民族，""这是个伟大的民族，胜得有道理。"

他在英国大学的时候，和那里的教授、同学相处很融洽，假期骑车或驾车到英国的乡间观光一方，那里的英国人彬彬有礼，待人诚恳。

英伦风貌熏陶了李光耀，也使李光耀想让它在新加坡再现。

但直到多年后，这样的英国再也看不到了。用李光耀的话说，到了后来，人们在英国"看到的是福利社会、避孕药及单亲妈妈的出现，"社会的风气大不如前。李光耀曾感叹："今天，维多利亚式家庭的价值观已经所剩无几。"有时候李光耀感慨把自己形容为"最后一个维多利亚人"。

西方现代社会的种种乱相，让李光耀开始反思西方文明的弊端，那就是，过于强调个性和个人的自由。李光耀自己是一个华人，虽然长期以来接受的不是华人的中文教育，但从小在中国式的大家庭中长大，对中华文明优秀的一面也有深深的体认——讲究道德教化、天理人伦、孝亲忠国，他认为这些理念是西方文明所缺失的。

李光耀曾说："我在一个华人家庭成长，但在英国学校及大学里受教育。当时英国盛行的维多利亚时代价值观其实与我们的华人家庭价值观相似。"

在日治时期的新加坡，日军用砍头的血腥方式维持社会治安，在一个时期犯罪行为之少，使新加坡到了可以夜不闭户的程度。李光耀总结他所看到的现象，在暴酷的强权之下，人们被迫最大限度的约束自己的行为，知礼遵纪，适应新的规则。这让李光耀感到，民众的行为习惯是可以改变的，就看来自上层的管制力度有多大。

这几种文明的方式交织在李光耀的脑海之中。执掌新加坡之后，李光耀有机会把他的理念以最大可能的方式付诸实施，他要的社会，是一个有教养、有秩序、发达文明的社会。李光耀近乎固执地实践他的理想。

1971 年，英联邦峰会定在新加坡召开。为了配合峰会的召开，新加坡旅游促进局开展了一个有礼貌服务的运动，倡导新加坡的售货员和其他各行各业的服务行业的从业员为顾客提供有礼的服务，以便给来参会的客人留下一个好印象。

但李光耀说，"如果我们的服务业从业人员只对旅客表现得彬彬有礼，对国人则不然，那是很荒谬的"。

他召集新加坡国防部、教育部和全国职工总会，通过这些部门分别向全新加坡的国民服役人员、50万名学生和数十万名工友传达一个信息："我们必须把讲礼貌当做我们的生活方式，只有这样，新加坡才会成为一个人人都生活得更加愉快的社会，而不单是为了旅游业"。

教养不是为了面子，给外人看，而应该成为新加坡人的日常生活情态，这就是李光耀的所思所想。

鞭刑

2014年11月，两名德国青年——22岁的安德烈亚斯·冯克诺尔和21岁的埃尔顿·欣茨抵达新加坡，两人在当地购买一批喷涂颜料，连续3天在凌晨时间潜入一个城铁车库，在一辆列车车厢上涂鸦，面积大约为18平方米。为清理他们的"作品"，铁路运营当局花费大约1.4万新加坡元（约合1万美元）。

事后，两人若无其事地离开新加坡，不料居然遭到新加坡当局发出的国际通缉。同年11月下旬，他们途经马来西亚返回澳大利亚期间被马来西亚警方逮捕，继而引渡回新加坡。他们被新加坡法官以非法闯入罪判处4个月监禁；以破坏罪判处5个月监禁和3下鞭笞。

如果说新加坡的大名让世人记住的原因之一，就是它对罪犯的鞭刑。被判处鞭刑的罪犯总是屁股被打得皮开肉绽，不论他是新加坡人，还是西方人。这类消息不时见诸世界媒体的报端。

在新加坡，大到绑架、抢劫、贩毒，小到在公共建筑物上乱涂乱画、超期滞留，都可适用鞭刑。鞭刑适用对象为16至50岁的男性，最高为鞭笞24下，行刑时有专业的医生在场。

美国国务院2013年发布一份报告，显示前一年总共有2500人在新加坡获刑，其中的2203人被执行了鞭刑，包括1070名违反移民法的外国人。

鞭刑受到一些西方国家批评，但新加坡毫不退让，近乎固执地对罪犯执行这种刑罚，甚至引发了外交风波。

1994年，15岁的美国少年迈克尔·费伊因在车辆上涂鸦，被新加坡法官判鞭打6下、监禁4个月。这起案子在美国掀起轩然大波，美国媒体对自家的男孩将在新加坡被残酷的亚洲人剥下裤子鞭打勃然大怒，一时间满城风雨，在舆论压力下，时任美国总统克林顿亲自出面，恳请当时的新加坡总统王鼎昌赦免这名少年。

如果只因为犯错的是美国少年，这一鞭就打不下去，那么对违法的新加坡人，又怎么管理呢？新加坡政府内阁在开会讨论之后，劝请总统把鞭刑减至4下。这件事一度引发两国关系紧张。

很多人没注意到，其实李光耀领导的新加坡采取严刑的一个远因，是李光耀曾亲身经历过日治时期的新加坡。

在占领了新加坡后，日军曾用极为恐怖严厉的手段对付社会上的犯罪行为。结果，在日军占领期间，即使是在1944年至1945年间，由于战事紧张，各种物资极度紧缺，人们往往连肚子都填不饱的情况下，城市里的居民却可以做到家里白天不上锁，夜间不闭户，也不会丢东西。日本人用极为残酷的手段震慑了社会上的犯罪行为。

在同时期日本占领下的台湾我们甚至也能发现类似的情况，盗窃之类的犯罪率极低。

这类情形给了李光耀以启发。

李光耀虽然是一个深受英式教育和制度影响的新一代知识精英，崇尚文明、教养、绅士风度，但他同样地也熟知中华的传统文化的理念，所谓"棍棒出孝子"。在李光耀看来，中华传统的特点是，把犯罪归结为个人的道德和品行，而不是社会制度层面的原因。

而鞭刑的传统来自于英国人。英国人过去在新加坡也以九尾鞭或藤条为刑具。战后，他们废除鞭刑，（以藤条执行的）笞刑则保留下来。在李光耀看来，处以笞刑比处以长期徒刑，更能发挥威慑的作用。

新加坡治安良好，这是世界公认的。

世界经济论坛的相关报告形容新加坡是"团伙犯罪不会严重损害公司营业"的国家。在国际管理与发展研究院的发布的《1997年世界竞争力年报》中，新加坡被列为最安全的国家。报告中说，在这里"人民都信心十足，认为个人的生命和财产有所保障"。

禁放鞭炮 口香糖

在1970年华人传统的农历新年里，最后一天由于燃放鞭炮，新加坡发生了一场大火灾，五个人在火灾中丧生，多人受伤。

李光耀感到，这个华人的传统习俗对城市安全会造成很多威胁，他当即决定制定法律，对在新加坡燃放鞭炮做出限制。两年后，两名新警察被一群燃放鞭炮的人袭击，听到这件事后，李光耀下令完全禁止鞭炮进口，终止了这个长期延续下来的华人喜庆传统习俗。

新加坡到处是 10 层 20 层高的楼房，各种不适合高楼生活方式的传统习俗都必须停止，这是李光耀的想法。不仅如此，各种城市噪音，例如车辆、建筑工地、露天娱乐的音响等，李光耀也逐步推动制定相关的限制措施。

1983 年，新加坡的国家发展部长向李光耀建议在新加坡禁止口香糖。因为有很多人把吃过的口香糖随意塞进大门和信箱的钥匙孔，或粘在电梯按钮上，也有人把它随意吐在地上和走廊上，容易损坏清洁设备，打扫卫生的开支因此增加。

李光耀推动政府先用说服教育的方式，进而用立法彻底在新加坡禁止吃口香糖。

李光耀戒烟

早自 1970 年代，新加坡就开始禁止一切香烟广告。新加坡逐步禁止在所有公共场所吸烟——电梯、巴士、地铁车厢和地铁站，最后是所有空调办公室和餐馆。

新加坡每年举办"无烟周"。无烟周期间，李光耀亲自上阵，在电视上和新加坡人分享他的戒烟经历。

李光耀原来每天大约抽 20 支烟。1957 年，李光耀连续参加了三个星期的市议会竞选活动。由于要不断地做演讲，嗓子哑了。选举结果公布的时候，李光耀连向选民表达谢意的致词也发表不了了。李光耀下决心，非要戒烟不可。做出这个决定的最初两个星期李光耀烟瘾难耐，但李光耀从此就再没有拿起香烟。到了60年代以后，李光耀已经对烟味高度敏感，他禁止人们在他的空调办公室以及内阁会议室里吸烟。

经过他这么一带头，几年下来，他政府里的多数部长也都慢慢地不再吸烟。只有拉贾拉南和巴克始终烟不离手。内阁一开会，他们只好在会议间隙溜出去，到户外走廊过过烟瘾。

新加坡式的"优生优育"

"孩子的聪明程度取决于父母……年青人应该根据相应的学历选择你的配偶，让你的下一代更聪明"。

1983年8月14日晚上，李光耀在国庆节的群众大会上发表了一番讲话，并通过两个电视向全新加坡现场直播。

他说，"新加坡的男性大学毕业生，若要他们的下一代像他们一样有所作为，就不应该愚昧地坚持选择教育程度和天资较低的女性为妻。"

那时候在新加坡，低学历的女性数量远远超过具备大学学历的女性。根据调查数据显示，高学历妇女的生育率远低于低学历的妇女。李光耀的这番话，不是一时冲动，他是有感而发。

但是，如果说普通人在私下持这样的观点还无可厚非，一个领导公开说出这样的论调，真是非同小可。李光耀此言一出，在国内、国外都惹来一片反对和讽刺的声音。他这番话刺激了华人择偶的传统观念——男青年一般找对象会找学历比自己低的女性做配偶。

国际社会的报章舆论对李光耀嘲讽一片，称李光耀是不折不

在总统府斯里淡马锡官邸前的草地上，李显扬（左）与李玮玲
正逗弄他们的拉布拉多猎犬"尼奇"。
李光耀则放下工作稍作休息。

扣的"精英主义者"，"不顾他人的尊严和感受"。

连李光耀的朋友杜进才也不禁嘲讽李光耀的说法。他说，
"我的母亲从没上过学，父亲是个书记，只受过中学教育，如果
必须依赖双亲的教育背景，我根本没有出人头地的机会"。

由于李光耀的这番话，导致人民行动党在第二年的选举中，
得票率下降了12%，这倒真是李光耀没预料到的。

哈佛大学的心理学教授赫恩斯坦后来在1989年5月份《大西
洋月刊》发表的《智商与生育率下降》一文中写道："……李光

耀是个例外，因为敢于公开谈论低生育率在素质方面产生影响的现代政治领袖没几个人。"

这不是李光耀一拍脑袋冒出来的想法。

历史上，新加坡的华人移民大部分是中国南方各省农民的后代，多数从事社会底层的体力劳动。早期的印度移民多属印度最低种姓，和华人差不多。只有那些受过良好教育的人在新加坡，有一定的进阶机会和良好的职业前途，得以跻身社会中的较高阶层，李光耀自己就是一个例子。

时转世移，在李光耀看来，人才，是新加坡最为珍贵的资源。新加坡作为一个国家，本身自然资源缺乏，建国初期是一个有 200 万人口的弹丸小岛，连淡水供应都要靠马来西亚，这个国家怎样能活下去、活得好，人民的素质高低起着决定性的作用。

有一天，李光耀看到了放在他桌上的一份 1980 年新加坡人口普查数据，数据分析显示，新加坡有大量的高学历女性未婚。李光耀知道，亚洲的男性都宁可娶个教育程度较低的妻子，这是传统观念的影响——男人应该比女人优秀。在 1983 年，新加坡只有 38% 的女性大学毕业生嫁给学历相同的男性。

柯玉芝告诉李光耀，女性大学毕业生嫁不出去的现象已经引起家长们的恐慌，个个急得四处求助，跟她同一辈的女性家长在拉家常的时候时常向她报怨，受了高等教育的女儿的婚姻问题。

李光耀深知，传统的亚洲文化里，女性只愿上嫁，男性只想下娶。此外，他知道在亚洲人的家庭中，如果母亲的学历不高，她会希望自己的儿子娶个学历不要高过自己的媳妇过门，以免媳妇骑到自己头上来。

对这种失去平衡的婚姻与生育趋势，李光耀认为自己再也不能不闻不问，听之任之。

他要给新加坡的男性一记当头棒喝。李光耀给新加坡人举了这个一个例子：

美国明尼苏达州一项对多名双胞胎做的研究表明：这些孪生兄弟姐妹即使分别由不同家庭、在不同的国家中培养长大，他们在词汇、智商、习惯、对饮食和朋友的好恶以及性格等方面，仍有80%左右完全相似。换句话说，对一个人的后天塑造是极为有限的，他的素质有近80%是先天遗传的，大约20%则取决于后天的栽培。

李光耀从这个研究成果里得出的结论是，孩子的能力一般的来说介于双亲之间，少数会超越或不及他们的父母。进而言之，大学毕业的男性如果娶教育水平较低的女性，也等于没有充分制造让孩子能够升上大学的条件。

他还用其他调查数据支持自己的论点。他把过去几年里12岁、16岁和19岁三个年龄段、在考试中成绩最好的学生的10%作为调查对象，对学生家长的教育背景进行统计分析。结果表明：父母亲是否受过高等教育是决定学业成绩优越与否的关键。

李光耀举了很多例子来说服了越来越多的新加坡人，他大声呼吁男性娶教育程度相等的女性为妻，也鼓励受过高等教育的女件生育两个或更多子女，为新加坡"制造"更聪明、更优秀的下一代。

新加坡政府成立了"社交发展署"，来帮助女性大学毕业生解决婚姻问题，推动大学毕业生之间的社交活动。李光耀亲自挑选了待人处事温文可亲的新加坡国立大学医学院的范官娇医生来主持这项工作，开专题研讨会、讲座，举办游轮假期和地中海俱乐部旅行等等一系列活动。

到 1997 年，新加坡有 63% 的男性大学毕业生，他的妻子教育程度与自己相同，比 1982 年的 37% 来增加了很多。也有越来越多女性大学毕业生愿意嫁给非大学毕业的男士。

吴庆瑞曾告诉李光耀，这不是一件容易改变的事。但李光耀希望这种改变更快、更大。

吸引人才

上世纪 60 代年美国开始改变以往一个多世纪以来只接受白人移民的传统，开始接受允许亚洲人移民。加拿大、澳大利亚和新西兰等三个地大人稀的国家也相继效法。这些国家在长久以来是禁止亚洲移民入籍的。现在，他们改变政策，开始容纳素质和学历较高的亚洲人才。

在李光耀看来，这将使新加坡失去一大批来自马来西亚的华人和印度裔的优秀专业人才。马来西亚许多中产阶级的华人和印度裔居民纷纷移居澳大利亚、新西兰和加拿大。到新加坡来受教育的外国学生也减少了。各国设立了自己的大学，许多学生也有经济条件到澳大利亚、新西兰、英国、美国和加拿大等国深造。

李光耀向时任马来西亚首相敦拉扎克表达了这一担忧——马来西亚许多受过高等教育的华人和印度人纷纷移民到澳大利亚和新西兰，从而使马来西亚蒙受人才外流的损失，敦拉扎克却回答说："这不是'人才外流'，是'麻烦外流'，把麻烦都排出马来西亚。"

李光耀绝不会认同这种说法，他把人才看作是新加坡的立国之本。

他希望新加坡留住这些人：企业家、专业人士、艺人、技术熟练的工人。

1980 年，李光耀推动成立了专门的委员会，一方面负责招揽海外的专业人士，另一方面专门负责给这些专业人士安顿在新加坡的生活。

新加坡派出官员到英国、美国、澳大利亚，在驻各国新加坡使节团的学生咨询员的协助下，在大学校园里同有潜质的亚洲学生会面，吸引他们对去新加坡工作的兴趣。这项工作有系统地在世界各地每年为新加坡引进数百个大学毕业生，及时填补了新加坡受高等教育者每年有 5% 至 10% 移居到其他发达工业国家所留下的空缺。

这个委员会根据学生在毕业考试之前的学业表现提前向尚未毕业的学生做宣传，为他们提供工作。进入九十年代，新加坡这时积极招揽引进的人才是流失的两倍。新加坡也开始为来自中国、印度等区域国家的亚洲优秀生提供数百份奖学金，希望他们学成后最终能留在新加坡工作、生活。

新加坡法律规定，男性公民所娶的外国妻子可以入籍新加坡，反之则不然——除非她们的外籍丈夫在新加坡已有一份固定职业。许多女性因此不得不移民海外。1999 年 1 月，新加坡改变了这项政策，允许外嫁的新加坡女性的丈夫也可以入籍。

一些海外的新加坡男性，与大学结识的白人女性和其他亚洲女性结婚，在李光耀看来，他们的子女充实了新加坡的人才宝库。

李光耀自己所组织的第一个内阁，十人当中，只有他本人是惟一在新加坡出生和接受教育的。吴庆瑞、杜进才在马来亚出生，拉贾拉南出生于斯里兰卡。大法官杨邦孝和总检察长陈锡强来自马来西亚。他深深知道，不举一格揽人才的意义。

李光耀要的是一个绝不排斥外来者的新加坡，只要他有一技之长。

他认为，外来的人才越多，不但不会抢本地人的饭碗，反而会促进新加坡经济增长，从而创造更多的就业机会。这确实是一种目光长远的思维。

建设说英语的新加坡

很多人难以理解，纯华人血统的李光耀，却要在华人占人口大多数的新加坡建设一个说英语的国家。他是要从新加坡剥离中华文化的基因吗？绝非如此。

在新加坡未独立之前的历史上，一直是一个多语种并存的社会。

英国人并没有强制性在当地推广英语。生活在新加坡的华人、马来人、印度人，一般会让自己的下一代接受本民族的母语教育。马来人有马来小学，印度人有自己办的泰米尔和其他印度语种学校或课程，华人则有华人里的富商巨子出钱兴办华语学校。英国人办了几所英式教育的学校，接收当地学生，为殖民地培养一些中低级的办事人员。

1959 年，李光耀和他的同僚决定用马来语作为新加坡的国语，这是为新加坡和马来西亚合并做准备，融入马来西亚。但是后来李光耀发现，在工作场所和人民相互沟通时英语更为便利。

作为一个依靠国际贸易的社会，新加坡无论使用马来语、华语或泰米尔语，都会丧失很大的语言优势。

此外，当时的社会环境是，生活在新加坡的各个族群，都希望维护自己母语的地位。而这背后，是强烈的民族意识。

如果选择英语作为新加坡的官方语言，会使各个民族在语言问题上更加平等，没有任何一族会因为自己的母语成为官方语言而占据心理优势，也不会产生对立情绪。同样无可否认的是，李光耀本人饱受英式教育，得以进阶新加坡社会的上等阶层，他推崇英国的文化、制度，对英语有天然的好感。

受英文教育的李光耀在从政的道路上确实受益良多——无论跟受英文教育还是受马来文教育的群众接触，都毫无隔阂。同时，华人的血统，加上李光耀后来又花力气学福建话，又使华人们能够接受李光耀，各个民族的人都从李光耀这里找到了民族认同感，认为他是新加坡各民族的共主。

人所共知的是，新加坡的人口中大多数是华人，可以说，在新加坡，汉语最有群众基础，学习语言的代价也最低。但这里还有一个问题。新加坡是一个小小的岛屿，它被面积广大、人口众多的马亚人国家所包围，在这样一个地区，出现一个说汉语的国家，是一个敏感的问题，显得与地区格格不入。而华人对于东南亚岛国，历来是一个爱恨交织的族群。

从历史上看，东南亚华人的地位、处境常常与中国大陆的兴衰休戚与共。但是，在李光耀看来，中国大陆的影响力并不稳定，不见得总是能顾及到生活在异域的同胞，而且中国大陆当前采取的是社会主义政体。华人必须靠自立自强在当地存续下去。那么，如果能不给别人造成这样的印象，即新加坡是中国大陆力量的延伸，从而给东南亚的土著民族带来心理上的抵触，这都是李光耀不得不考虑的。

中文在新加坡还有一个问题。实际上，在新加坡当地的华人中，也并不是讲统一的中文。在当时，有广东话、福建话等六七种方言在不同的华人圈子和华人家庭里流行，彼此不见得听得懂对方，而新加坡的中文学校教的是国语，反而华人在家里一般并不会用到。如果推广英语，给华人之间的沟通也会带来便利。

李光耀还担心没有统一的语言会影响到新加坡军队的战力。士兵们说不同的语言，一旦有军事行动，军队指挥将一片混乱。

李光耀决定逐步推进英语教育。他知道各个族群都会热切维护自己的母语，在这种情势下宣布人人都得学习英语，恐怕阻力更大。一开始，李光耀的做法是维持原状，让四种官方语言——马来语、华语、泰米尔语和英语共存，同时逐渐把英文推广为各族群的共同语言。

反对把英语作为全民性语言的声浪持久不绝，尤其是占人口80%的华人。这真让李光耀头疼了一阵子，但他不改初衷。

华人无法理解。英国人统治的时候，华人的孩子可以接受完全的中文教育，现在独立了，自己选出来的政府却要求大家必须学英文。每年一到学期开学的时候，很多华人团体就以保存中华传统文化和本民族认同为号召发起运动，呼吁家长们让孩子报读中文学校，并痛斥那些选择英语学校的家长是见钱眼开、目光短浅。

恰好在这一时期，中华人民共和国建立，百废俱兴，而且，新中国还在朝鲜战争中与联合国军的军事力量相抗衡，并在1953成功地迫使停战协定签署。一个崭新而有力量的中华展示在世界面前。这让东南亚一带的华人受到极大的鼓舞。

在新加坡，中华总商会的商人们因为朝鲜战争刺激了橡胶的销量而赚取了大额的利润。他们带头出钱，并号召新加坡的华人群众出钱出力，兴办华人的南洋大学，教育华人子弟。在这场运动中，华人橡胶富商陈六使个人就捐出 6000 万元，很多富商也毫不吝啬。新加坡的华人的士司机、小贩、三轮车夫把一天中所赚的钱也都捐献出来。1956 年 3 月英国总督为南大主持开幕礼，当天，来参加典礼的车辆从市区一路紧挨着排成长龙，直到西北部20 英里外的裕廊校园，盛况空前。南大成了华族语言、文化和教育的象征。

新马分家一两个月后，中华总商会公开提出政府要把华语作为新加坡官方语言之一。这个总商会在当地华人中间有着很大的影响力，它不但会引起华人的共鸣，更进一步会引起所有华人学校的师生们的响应，处理不当，就会激起学生运动，这样一来，事就闹大了。

要防止星星之火发展为燎原之势。当年 10 月李光耀公开重申，在新加坡四大语言都是官方语言，地位平等。几天后，李光耀召集召集四个华人商会的全体委员对话，并进行电视直播。他对华人代表们和全新加坡人说，"我绝不允许任何人把中文的地位问题政治化！"

但新加坡南洋大学和义安学院的学生们这个时候对李光耀不依不饶。1966 年 10 月，200 多名学生在李光耀为当时的南洋大学图书馆主持开幕仪式时，发动游行示威。没过几天，义安学院的学生们到李光耀的办公室外面示威，跟警方发生了混战，随后又回到校园里静坐抗议。

李光耀没有退让，他下令把鼓动两次示威活动的几个马亚西亚籍华人学生领袖递解出境。

1970 年底，新加坡有影响力的的中文报纸《南洋商报》公开强烈谴责李光耀的政府"压制华人语言、教育和文化"，报纸说李光耀是"数典忘祖"的英国人的奴才。新加坡政府逮捕了该报总经理李茂成、总编辑全道章和高级社论委员李星可，控告他们利用华人的语言和文化的名目挑起民众的沙文主义情绪。

李光耀耐心地等待着收获季的到来。事实证明了李光耀的远虑是对的。他看到，年复一年，越来越多的华人家长选择把孩子送进英文学校接受教育。原因是，他们的子女在英文学校毕业后，就业的出路更广阔，职业前途更理想。

不是通过简单的压制和取缔除英文之外的其他语种，而是让各语种互相渗透，李光耀巧妙地处理了这个问题。李光耀为中文、马来文和泰米尔文的学校引进英文教学，以平衡整个语种教育的局面。这个举措又受到马来和印度家长欢迎。

选择把孩子送入英文学校的家长在新加坡日益增加。越来越多人报读以英文教学的新加坡大学，成绩较好的华文学校学生以私人考生的身分参加英文剑桥会考，以便考上新大或考取政府奖学金留学海外。

1975 年，李光耀决定把南大的教学语言也改换成英语。这一年，在南大理事会一致同意下，李光耀委派当时的教育部长李昭铭博士出任南大校长，李博士受过中文教育，在伦敦大学考取工程系博士学位。他的任务是把南大办成一所英文大学。1976 年 8 月 14 日，校长李昭铭在南大第十七届毕业典礼上宣布，南大将更积极吸收中文学校以外其他源流学生，更广泛采用英文作为教学媒介语。

1980 年 4 月 5 日，南大理事会发表声明，接受总理李光耀的建议，把新大与南大合并为"新加坡国立大学"（由南洋大学与新加坡大学组成）。新设立的南洋理工学院将设在原来南大校园，1991 年又升格为南洋理工大学。1980 年 8 月 16 日，南洋大学举行第二十一届毕业典礼，最后一批毕业生领取了南大的文凭。

两所大学合并后，李光耀进一步把全国中文授课的中小学改成以英语为主要教学媒介语，中文作为第二语文。

这一切都围绕着李光耀提出的新加坡建国"两大支柱"而展开：其一是开放的社会；再就是统一语言和国际接轨。

李光耀的中文情节

"……讽刺的是，我自己跟华人一样热切渴望保持中文教育的精髓……然而问题的症结是，在这个多元种族、多元语言的社会里，英语是唯一能让大家接受的中立语，并能让新加坡立足于国际社会。"李光耀后来这样说。

李光耀对于中文以及中华文化有很深厚的感情。

在上世纪 50 年代李光耀作为律师，曾接触了大批当时新加坡中文中学的学生和学生领袖，感到他们朝气蓬勃、勇于为社会奉献、为理想牺牲。但在李光耀的印象中，受英文教育的学生们的面貌与此形成了形成鲜明对比，一副冷漠、自私自利和缺乏自信的模样，让李光耀失望。这反映的是不同语言背后的文化力量，所熏陶的不同人格。

虽然基于种种考量，李光耀还是为新加坡选择了说英语的道路。但是在他看来，英语不是完美无缺的，"它的确造成我们的学生文化失调，使他们变得冷漠，"李光耀这样反思。

李光耀认为自己对于英式文化也不能完全接受。对于文化之根的缺失，他描述自己有一种"若有所失"的感受，"我们没有学到本身的亚洲文化，又不属于英国文化，结果迷失在两种文化之间。"

为了弥补自己的缺憾，李光耀和柯玉芝商量后，把自己的三个孩子一古脑儿送入新加坡的中文学校，接受初中级的中文教育。同时，也不忽视英语教育，孩子们一回家，柯玉芝跟他们讲英语，而李光耀用自己讲得也不怎么样的中文和孩子们交流，也借此提高自己的华语水平。

李光耀为自己这种教育子女的方法感到得意。在他看来，他们受中文教育，中华传统的价值观潜移默化，使他们成为孝顺的孩子和国家的好公民。同时，他们说起英语来也照样通畅流利。

李光耀的几个孩子在学校成绩突出，频频获奖，校方和新加坡的中文报章经常拿他们做例子进行宣传。在国家的层面提倡英文，却让自己的孩子从小学中文。这又给了新加坡华人社会以很大的感情安慰，他们看到的是，李光耀并不是一个对中华传统教育赶尽杀绝的人，而是有很高的认同。

普及英文教育的措施在新加坡逐渐落实了，李光耀却开始担心新加坡在逐渐失去中文学校的一些可贵的东西。

在他看来，新加坡的中文学校秉承中华传统、价值观和文化，向学生灌输了纪律观念、自信心、道德和社会价值观，这些都是极其可贵的。而全覆盖式的英文教育，在李光耀看来，使人们对中华传统的儒家价值观有渐渐疏离之势。

更令他担忧的是，新加坡由于推行英文教育，西方国家尤以美国为代表的"消费社会的价值观在新加坡社会弥漫的速度，比在本区域其他国家都来得快"。

李光耀很早就认识到了这个问题，在1979年给接任教育部长的吴庆瑞写的信中，他说，中文教育"教的是人生观，给学生灌输自强不息的信念和责任感，他们的教师比多数英文学校的教师有更大的热忱和干劲"。

李光耀力图保留新加坡本身的不同文化的传统价值观。

他曾经很认可日本人的民族精神，认为日本人虽受美国的影响，却能保持基本的民族特色。他们的年轻一代生活富裕，对自己所服务的公司似乎少了父辈那种鞠躬尽瘁的精神，但是在本质和精神上仍然是日本人，比欧美人民勤劳，更愿意为社会的整体利益做出贡献。

李光耀说，"我相信，日本人做得到的，我们也做得到。"

李光耀推出"特选中学计划"，在新加坡保留九所最优秀的中文中学，这些学校录取全新加坡小学毕业考试成绩最佳的10%的学生，他们为特选中学提供额外的师资，通过语言特别课程，协助学生掌握中、英两种语言。

在李光耀看来，无论是过去或现在，这些学校的校风，是纪律和礼仪等比较散漫的英式学校远远比不上的。

南洋大学在1978年迁入新大校园进行联合教学之后，李光耀又开始全力推动新加坡的华人们放弃各自的方言，改说统一的中文。他在新加坡发起"推广华语运动"，每年为期一个月。虽然为了人民进步党能赢得新加坡的选举，直到1997年1月的大选之前，在群众大会上，李光耀对老一辈的华人仍用福建话进行了演讲，引起选民热烈反响。但李光耀的初衷不变。

新加坡人都知道李光耀的三个孩子兼通中、英、马来语三种语言，对李光耀的教子之道总有怀有几分敬意。有时候，李光耀和柯玉芝到公园散步，发现还有些华人家长在用方言跟孩子说话，但当他们一发现自己的总理来了，不由得一脸难为情地改用普及化的中文。李光耀觉得，这些华人们心里很明白，为不理会李光耀苦口婆心的劝告而觉得不好意思。

讲中文的家庭从 1980 年的 26% 增加到 1990 年的 60%，数字还在不断上升。然而与此同时，讲英语的家庭也从 1988 年的20% 上升到 1998 年的 40%。

李光耀在新加坡推动双语教育，把中文作为新加坡的第二语言，统一各种华人的方言，真是一件做对了的事。中国始终是世界上有影响力的大国。而恰恰在上世纪 80 年代以后，中华大地上开始改革，对世界开放。这个时候，新加坡等于又多了一个和世界沟通的利器。

李光耀乐于看到原来说不同地域方言的新加坡的华人，能说一种共同的中文。

在李光耀看来，如果新加坡人只通晓自己的母语，新加坡就无法生存。而只懂英语的后果则是倒退，新加坡人会逐渐丧失自己的文化认同感，失去那份内心的自信——是这种自信，让新加坡明确自己在这个世界上的定位。

因此，推行双语政策是新加坡的最佳策略。既让新加坡有商业竞争力——全球多家大型跨国公司和 200 多家数一数二的国际银行在这里营业，同时又不会失去文化上的根。

反贪——从上至下的意志

1959 年 6 月 3 日，李光耀和所有内阁成员一律身穿白色的衬衫和白色的长裤，在新加坡的市政厅大厦宣誓就职，以后历来如此。这一幕给世人留下了深刻印象。从这一天起，白衣配白裤，成了新加坡人民行动党的"党服"。穿白色，用来象征个人行为纯洁廉明。

这一天，新加坡自治邦成立，李光耀的人民行动党在自治邦政府的首次选举中，成为新加坡立法议院第一大党，由李光耀出任自治邦政府总理。

其他行动党党员所穿的白衣白裤，可能还会在中间扎一条其他颜色的皮带。但是，总理李光耀的身上连皮带都是白色的，看上去浑身皆白，中无杂色。李光耀对象征纯洁、廉洁的白色情有独钟。

在东南亚国家的民间流传着这样的笑话：

马来当权者要发包一个工程项目，于是找了一个印度裔询问该工程需要多少费用，回答是：100 万令吉；其于是又找一位马来人问同样的问题，回答是；200 万令吉。问他为什么比印度人多 100 万令吉，马来人答：因为我要养四位老婆及众多孩子。最后，找来一位华人又问了同样的问题，华人答道：300 万令吉。他的解释是这样的：其中 100 万用来支付给印度人完成工程，100 万给马来当权者，剩下的 100 万归已所有。于是华人拿下该工程。

金钱政治与贪腐问题是东南亚国家的顽疾，从印尼前总统苏哈托到菲律宾前总统埃斯特拉达，贪腐巨案不断震动全球。相比之下，岛国新加坡就显得有点"出淤泥而不染"。

也是从这一天，新加坡成了许多当权者贪腐严重的东南亚国家中的一个"另类"。

李光耀在群众大会上发表演讲

用李光耀的话说，人们"可以嘲笑我开美国别克汽车，打高尔夫球，喝啤酒，出身资产阶级家庭，在剑桥受教育。但是……他们将无法指责我们捞钱贪污。"

在李光耀看来，自己和同事们几乎都受过良好的教育和专业训练，可是这不但不应该被讥讽为脱离群众，反而证明了他和他的部长们都有谋生的一技之长。

即使他们不从政，在社会上也大可以自食其力，过较为富足的生活，他们的妻子也是如此。他们这一批国家的管理者没有必须再用手中的权力，通过不正当的手段增加他们的财富，像很多东南亚地区的前领导人那样。

李光耀要他的政府里每一个公职人员都做到这样。

　　李光耀有一种强烈的使命感，要建立廉洁的政府。这使他领导的新加坡在防治贪腐方面表现出一大特色，就是强烈的"领导人政治意志"，即最高阶的领导人以身做责，亲抓、严抓治贪工作。

　　"从执政第一天起，我们就确保税收的每一块钱怎么花都要有适当的交代，到达基层受益人手上的时候，一块钱照旧是一块钱，在中间环节里没被抽掉一部分，"李光耀说。

　　从60年代到80年代，新加坡有几名部长先后涉及贪污，每十年一人，都落得身败名裂的下场。其中著名的几个有：

　　曾任新加坡建屋发展局主席兼马来西亚航空公司董事会新加坡代表的陈家彦，1966年因在航空公司购买波音客机一事中有不当行为，被李光耀解除了一切职务。后来李光耀听林金山说，陈家彦后来在新加坡几无立足之地，潦到落魄、谋生无门。李光耀听了觉得难过，但李光耀认为那是他不得不采取的措施。

　　黄循文自50年代开始，是人民行动党中老资格的工会领袖之一。1975年，他被控接受印尼华裔商人84万元贿赂。被控贪污的罪名成立后，被判监禁四年半。

　　1979年12月，当时的新加坡职工总会主席，同时也是人民行动党国会议员的彭由国，被控涉及83000元的失信罪名，后彭由国潜逃到泰国，再也没有回新加坡，他受到当地移民厅和警察局的敲诈，穷困潦倒。

　　下场最让人侧目的是新加坡的前国家发展部长郑章远。

　　他当时是国家发展部长。1986年11月，他的一个老朋友在贪污调查局盘问下，承认曾经前后给过他两笔共80万元的现款，请他在商业事务中帮忙。他随即遭到停职调查。调查期间，郑章远求见李光耀。李光耀让人带话给郑章远，只有调查结束后才能见他。一个星期后，保安部门的官员告诉李光耀，郑章远去世了，死前留遗书给李光耀。遗书中写道，"总理：过去两个星期，我感到非常悲哀沮丧。对于发生这次的不幸事件，我应该负全部责任。作为一个堂堂正正的东方绅士，我应该为自己所犯的错误接受最严厉的惩罚。落款：您的忠实的郑章远。"

李光耀前去探望了郑章远的遗孀，也看了郑章远躺在床上的遗体。

郑章远的遗孀对李光耀说，郑章远终身为政府服务，希望能保持自己的名誉，问李光耀，"人已经不在了，法庭能不能停止进行调查？"

李光耀严肃地说，"只有在他的医生能够发出死亡证书，证明他是自然死亡的情况下，才有可能。"

法医最后判定，郑章远的死因是服用过量的安眠药。这个调查结果更坐实了郑章远畏罪自杀的事实，可谓身败名裂。这让郑章远的妻子和女儿在名誉上蒙受更大的痛苦。不久后她们便离开新加坡移居海外，从此再也没有回去。

李光耀成功地在新加坡建立起这样的舆论氛围：人们把贪污受贿的政府公职人员看成社会公敌，臭名远扬。就是在这样一种氛围里，郑章远宁可了结生命，也不愿面对耻辱、遭到新加坡社会的唾弃。

李光耀后来谈到郑章远事件的时候说，"他怎么会拿那80万元，我始终弄不明白。他是个有才华的建筑师，自己执业也可以堂堂正正地赚到数以百万元计的金钱。"

瑞士洛桑国际管理与发展研究院的《1997年世界竞争力报告》，为世界各国的廉洁水平排名，满分是10分。新加坡被列为最廉洁的亚洲国家，得分 9.18，香港地区、日本和台湾地区都落在新加坡后头。

很多人都在问，新加坡为什么能够在治理贪污方面取得如此良好的廉洁成就？

2010 年 11 月 14 日，正在新加坡访问的时任中国国家副主席习近平与新加坡内阁资政李光耀共同为坐落在新加坡河畔的邓小平纪念碑揭幕。纪念碑的背面，写着邓小平的一句名言："发展才是硬道理。"这句话得到新加坡政府的认同乃至赞赏。

李光耀喜欢硬道理，反贪保廉，就是他领导新加坡的硬道理。

英国人在 1952 年成立的贪污调查局，本来是执行这项任务的主要机构，主要对付公务员当中出现的越来越猖獗的贪污行径，尤其是中下级的警察、小贩稽查员和土地管理员。

李光耀担任总理后，把这个调查局改成总理直属，集中力量惩治新加坡政府高层中的"大鱼"。调查局长由总统任命，但其工作则由政府总理直接领导。该局的徽章是一朵荷花，一把利剑，荷花象征"出淤泥而不染"，利剑表示"威严与公正"。

制度保廉洁

李光耀不要他的新加坡政坛成为一种"以钱买权的商业民主制度"。

在泰国，1996 年，大约 2000 名候选人花了大约 300 亿泰铢（12 亿美元）来赢得竞选。在马来西亚，1993 年巫统的代表大会举行前，竞选活动高潮期间，马来西亚国家银行面值 1000 林吉特和 5000 林吉特的钞票竟然一张不剩。印尼高官的大规模贪污行动更是世人皆知，印尼前总统苏哈托子女、朋友和密友"冲在贪腐的第一线"，使贪污腐化成了印尼政治文化不可分割的一部分。他的后任总统哈比比在任期间，贪污情况更为严重。

"在新加坡，我们避免用金钱来赢得选票，"李光耀说。他要在新加坡建立一个廉洁的、不涉及金钱的选举制度。

早在1959年，作为反对党领袖，李光耀说服当时的新加坡内阁首席部长林有福，规定公民要强制性参加投票选举。并且明文禁止了候选人用汽车拉选民前往投票站的作法。

当上总理后，李光耀更是杜绝用钱和好处收买选民的选举招数，李光耀鄙视这种做法。他要他领导的人民行动党，不靠送礼给选民，而通过提供工作机会、通过提升新加坡的整体竞争力和经济发展，来获得选民的支持。

李光耀说，我要让新加坡人感到，"为了自己和子女的前途，必须支持人民行动党，"而不是靠讨好选民，玩一些选举的策略。

李光耀不但要反贪，还要保廉。

上世纪70年代，在新加坡经济平稳增长的时期，李光耀把新加坡政府部长的月薪从2500元提高到4500元，他自己照旧拿3500元，以便提醒公职人员仍然必须节制。每隔几年新加坡政府就提高部长的月薪，从而缩小公务员的薪金同新加坡私企人员薪水之间的差距。

后来李光耀由于年事已高，出任内阁资政，但他仍关心新加坡的廉政举措。1994年他在国会建议政府制订一个规则，使新加坡高级公务的薪金跟私人企业的薪金报酬挂钩，在经济增加的情况下，自动进行提薪。

高薪养廉，一开始在新加坡社会引起了轰动。

长期以来，在很多国家，人们都习惯了公务员拿不太高的工资，为民众服务。让部长不但行使权力，也根据工作的重要性获得薪酬的主张，很多人认为不适当。

李光耀极其务实。他反驳那种观点，认为政府的部长们位高身贵，这种荣誉感本身就是一种报酬。李光耀说，"我认为这种超凡脱俗的看法不切实际。"

在他看来，一位部长持续不断地在任工作，并在这个职位上获得了丰富的经验，新加坡政府做出的正确决定，都是来自部长的经验和正确的判断，目光长远，是这些部长能从长计议和策划的结果。

这个薪水公式不等于年年加薪，因为私人企业界的收入时高时低。1995 年私人企业界收入下降，1997 年，所有部长和高级官员的薪水也随之削减。

1984 年 8 月，李光耀在当年的国庆群众大会上提议，新加坡应该有个民选总统来看管国家的储备金。突然提出这个建议，大家议论纷纷，认为李光耀在为自己卸任总理后的政治生涯铺路。

但这不是李光耀的目的。李光耀说，"我对这个高位（当总统）毫无兴趣，这个职位过于被动，不符合我的个性"。

李光耀的建议，总统应该通过独立选举产生，他对总统职权的设想是，"如果总理刻意拖延有关对他本人、他的部长或高级官员涉嫌贪污的调查，这时候民选总统的权力就能够凌驾在总理之上。"

是的，上行则下效。李光耀这个建议的着眼点，是为了在国家领导机构中实现权力制衡，从制度层面防止在最高层有人打破防贪的藩篱，从最源头的顶点预防腐败的滋生。

差点成为被告

在自己一手推动建立的新加坡反腐制度中，李光耀自己也一不小心险些成了被告。

1995 年，柯玉芝和李显龙在新加坡分别买了一处房产。本来这是一桩正常的买卖，但是有人怀疑房产开发商给了李光耀的亲属更高的折扣。

具体情况是：1996 年 3 月，新加坡财政部长胡赐道收到金融管理局副董事经理高铭胜的报告，报告说，高铭胜在 3 月中获知，市场上谣传李光耀及其亲属在旅店置业的所有房地产发展项目中都购买了物业，而且其中涉及一些不恰当的安排。

事关重大，胡赐道立即向时任总理吴作栋汇报。吴作栋在获知这一消息的第二天，通知内阁的核心成员——副总理兼国防部长陈庆炎、外交兼律政部长贾古玛和内政部长黄根成开会商讨。

他对这三位核心成员说："如果市场指李资政（指李光耀）父子购屋其中必有蹊跷的说法是错误的，我们必须杜绝这种传言；如果市场的传言属实，我们将追究下去。"

吴作栋决定启动调查，查明李光耀父子是否在这一事件中存在经济问题。

吴作栋事后说，他用了几天时间反复思考怎样才能最好地处理李光耀的事件。他说，"正直是人民行动党政府的基石，是李资政奠定下了这个基石，这个基石将不会因为李资政的离开而动摇"。

经过调查，李光耀父子在购房时获得折扣的事属实，分别获得了 5% 到 12% 的折扣。

获悉上述情况后的 3 月 26 日，吴作栋就这件事向副总理李显龙提出询问。李显龙吃了一惊，他立刻联系房产企业，发现确实购房时被给予了上述的折扣。

3 月 28 日，吴作栋在内阁会议结束后，在李显龙列席的情况下，与陈庆炎、贾古玛和黄根成讨论李显龙购屋的事情。由于当时李光耀刚接受第二次心脏手术不久，正在家中休息，还要服食包括预防阻塞药物在内的多种药物。吴作栋觉得自己不便在这个时候向李光耀提出询问，否则，心里会感到不安。

但是，当吴作栋向陈庆炎、贾古玛和黄根成谈到上述顾虑时，他们却认为有必要在这个时候向李光耀提出询问，以让他及时获知市场上的传言。3 月 29 日，吴作栋写信给李光耀，李光耀在第二天回信给他，解释了一些购屋的主要情况，并在 4 月 1 日到总理办公室会见总理吴作栋。

这里要特别指出的是，李光耀是新加坡第一任总理，也曾是吴作栋的顶头上司。但是，自从吴作栋接任总理之后，李光耀在有事需要与吴作栋见面的时候，总是坚持自己到吴作栋办公室去，而不是让吴作栋到自己办公室来。

到达吴作栋办公室后，两人进行了一番讨论，李光耀最后建议，如果吴作栋还是不满意自己的解释，可以设立调查委员会来调查这一事件。

最终的调查显示，在同期购买这一房产的人并不限于李光耀父子两人。在玉纳园公寓的买主中，有 21% 获得 7% 或以上的折扣；在史各士 28 号公寓的买主中，则有 22% 获得 5% 的折扣。

这也就是说，给予折扣是房产商针对所有客户的一种促销手段，而不是针对李光耀父子的。

但是为了进一步自证清白，李光耀请求总理吴作栋把这件事情提交国会辩论，彻底公开整个事情的来龙去脉。

在新加坡国会对这件事的辩论中，连国会中的反对党议员也表示，根据他们的经验，给这样的折扣是市场的一般做法，购买房产过程没什么不妥。在国会辩论中，李光耀和反对党议员林孝谆有一段对话。

李光耀站起来问林孝谆，自己和李显龙副总理在购买房地产时有没有出现不妥当的做法。这时，林孝谆回答说："你得到的折扣是妥当的。"

李光耀问："是妥当的吗？"

林孝谆答："是妥当的。"

李光耀再问："是妥当的吗？"

林孝谆再答："是妥当的。这也就是为什么我认为你不必把购买公寓得到的折扣转交给政府或决定捐作慈善用途。"

李光耀在林孝谆发言时也表示想知道，林孝谆是在什么时候及什么情况下得出结论，认为自己和李显龙副总理在购买公寓的过程中，没有出现不妥的做法，同时认为他们两人应保留所得到的屋价折扣。

林孝谆说："事实上，是我听到你和李副总理两人购买公寓的消息时，我那时已经断定（你们）没有必要把得到的折扣交出来。"

李光耀接着问："我的理解是，从我和李副总理宣布我们购买有关的房地产及所得到的折扣的那一刻起，你就确信并且深知那是正当及没有不妥的？你是根据什么得出结论的？"

林孝谆回答说："我是个执业律师。给予折扣是一种惯例，不只是购买房地产，其实在许多其他交易中，也会给予折扣。"

李光耀问："你对这起交易的廉洁和诚实完全没有怀疑？"

林孝谆答："没有。"

李光耀说："谢谢。"

林孝谆接着说："我要清楚指出，我这么说，不是因为李资政在这里，不是因为李副总理在这里。因为昨天我告诉陈清木医生，我告诉他说，我不参与这场辩论。他问我为什么，我说这件事根本没有不妥当的行为和做法。我也告诉他，其实没有必要把这件事提呈到国会中辩论。"

这件事情结束后，李光耀和李显龙决定将自己购买玉纳园房产所获折扣全部捐献给政府，但总理吴作栋以他们在购房中所获折扣并无违法或不公平之处而加以拒绝。于是，李光耀和李显龙又将这笔款项赠给了新加坡国内慈善机构。

李光耀后来在国会演讲时说，"有关当局能调查我并针对我的行为提出报告，证明了我所定下的制度是无私和有效的。这次事件也再次证明（在新加坡）没有人可以枉法"。

◆第四篇　李光耀的国事家事

1
一个甲子的爱恋

在新加坡，如果说李光耀是新加坡的"国父"，柯玉芝就是当之无愧的"国母"。

"你知道我比你大两岁吗？你不介意吗？"结交之初，柯玉芝问李光耀。

"是的，我知道。我喜欢的女性是成熟的女性，"李光耀回答说。

年青时代的李光耀，作为长子，早早地担当起一家之主的职责。他的性格里没有同龄人的逆反、冲动、不黯世事。相反，他显得冷静、理智、早熟。这在他对于交往对象的选择上尤其明显地表现了出来。

多年以后，李光耀这样回顾他与柯玉芝相伴度过的半个多世纪，"没有她，我会是个不同的人，过着完全不同的生活。"

柯玉芝与李光耀的爱情故事，最早可以追溯到 1944 年，直到 2010 年去世。她伴随李光耀，见证了新加坡从立国至茁壮成长的风风雨雨。

初识

1940 年，李光耀以新、马两地排名第一的成绩进入了新加坡最著名的莱佛士学院。学院每学年有三个学期，期末都有考试。

第一学期的考试成绩出来了，李光耀的数学成绩高居榜首，考了 90 多分，这倒不算什么意外。他的英文和经济学的考试成绩也很好，但却屈居第二，而且他和第一名的成绩还差了不少。这成绩让李光耀这个自负的好学生吃了一惊——居然还有比自己优秀的学生。

这个考第一名的是一个叫柯玉芝的女生。

得知这个讯息，李光耀又大大地惊讶了一番。

李光耀见过柯玉芝，那是在他 1939 年还在莱佛士书院读书的时候，当时，柯玉芝是书院里唯的一名女生，其他都是男生，自然引人注目一些。

这个时候李光耀苦恼的是，他想要争取到去英国留学的机会，就必须争取到在整个海峡殖民地（包括了新加坡、槟城、马六甲）一带由英国殖民地教育机构一年颁发两份的"英女皇奖学金"。即使自己成绩最好，也有可能拿不到这个奖学金，因为颁奖机构要平衡各地区的名额。而现在，他在新加坡本地居然碰到了一个强劲的竞争对手，不禁又敬又畏。

这让李光耀不开心了好一阵子，后来的学期里，两人的成绩你高我低，互不相让，但都知道了对方。

　　读书期间，两人见面的机会不少，但两个人都视对方为普通同学，见了面倒都很友善。这时的李光耀忙着读书，适应学院的生活。

建立友谊

　　1941 年，日本人占领了新加坡，莱佛士学院不得不停课，英国教授们不得不回国，有的老师参加了皇家军队和敌人作战，牺牲在战场上。

　　李光耀的学业也停止了。无学可上，只好提前就业，到处找一些事做，帮助家里增加一些收入来源。有一段时间，李光耀和朋友杨玉麟做起了胶水生意，而且做得有声有色，他和朋友们自

二战期间，李光耀与柯玉芝（右一、右二）暗生情愫，开始交往。
这是他们和朋友一起游榜鹅河时拍的。

产自销，把生产出来的"速粘"牌胶水卖到新加坡的文具店，生意很好。

他们便搭建起两个胶水制造中心，一个在李光耀家里，李光耀的母亲和妹妹做给他帮手提高产量；另一个在杨玉麟家里。

有一天，李光耀骑着脚踏车，穿街过巷，去找杨玉麟商讨产销大计，一到杨玉麟家，看到一个女孩正坐在走廊，一看之下不禁意外，原来是柯玉芝。

看到李光耀来找杨玉麟，柯玉芝笑着给他指了指一个楼道的角落里。一聊天才知道，原来柯玉芝是杨玉麟的妻姨。

柯玉芝这时和李光耀一样，也没学上了，只好呆在家里，她就帮家里做一些零星的家务，或者读书。有时候就帮着杨玉麟忙活一番。几个年青人做着一番共同的事业，经常你来我往，自然变得更熟识了。

到了1944年9月，李光耀邀请杨玉麟夫妇，当然还有柯玉芝，到新加坡的一家华人酒楼吃饭，一起庆祝李光耀的21岁生日。李光耀记得很清楚，这是他第一次邀请到柯玉芝出来吃饭。

当时华人的传统还是比较保守的，一个女孩能受邀参加另一个小伙子的21岁生日在当时是比较新奇的事，但也可见他们已经很熟悉了。

战事越来越紧张，李光耀和杨玉麟制造胶水的生意维持了六七个月，到1944年末不得不停顿。但是由于共同创业的友谊，李光耀经常去找杨玉麟，也借以探望柯玉芝。两个年轻人便经常一起相处。

柯玉芝的家庭

柯玉芝也像李光耀一样，生长在一个华人的大家庭里，她兄弟姐妹共有八人。

童年的柯玉芝就成长在一个传统、保守的华人家庭里。由于家境不错，被养育得很好，度过了一个很快乐的童年。

等到上学的时候，先被家人送到当地的女子中学受教育，16岁时，柯玉芝考获了剑桥高级文凭考试，得以进入莱佛士书院，后来又进入莱佛士学院。出门的时候，也由家里的汽车接送。

柯玉芝刚进入莱佛士学院时，也抱着和李光耀同样的理想，准备争取女皇奖学金，以便将来可以到英国去留学，可惜没争取到。

她后来半开玩笑地告诉李光耀，当时，她在等待一个白马王子的出现。而出现在她面前的王子就是李光耀，但是这个王子不是骑白马来的，由于战时物资紧缺，他骑了一辆不怎么样的自行车来到柯玉芝的面前。

两个年轻人分别经历了艰难而残酷的三年日本统治时期，在1944年又意外重逢，不禁别有一份欣喜。经历了残酷的战时岁月，李光耀开始用一种成熟的眼光来看待柯玉芝了。

1945年11月，日本人已经战败好几个月，英国重新回到了新加坡。交际颇为活跃的李光耀介绍柯玉芝认识了莱佛士图书馆的管理员，让她当上了图书馆的临时雇员。

这个时候，柯玉芝一家人搬到了德文莎路一座浮脚楼，离李光耀家有一英里，李光耀经常送她回家。有时两个人中途停下来，到欧思礼路圣诺犹太教堂一个安静的角落坐下来聊一会儿天。

有一次李光耀用电单车送柯玉芝回家，柯玉芝坐在后座上，被柯玉芝的母亲撞个正着。

回到家里，柯玉芝被母亲严厉地训斥了一顿。训斥的内容是，"你们这样被别人看到会怎么想，以后谁会娶你?!"

后来柯玉芝家搬到离市区很远的地方。恰好李光耀那时赚了点儿钱，买了国内二手汽车，于是继续开着汽车不屈不挠地干着追求一个女孩该干的事。

订约

这时候，李光耀由于和哥哥一起帮英国人忙活工程，手里很有些钱，买了一辆二手汽车，可以用汽车载着柯玉芝去参加一些当地同学、朋友的聚会，倒是颇为拉风。他们在当地华人老前辈的花园附近的海边，手拉着手散步。

李光耀告诉了柯玉芝自己的打算，他准备下一步直接到英国去读法律，而不是在新加坡，三年后从英国带着律师执业资格回新加坡，将来做一个律师。

这意味着别离。

他问柯玉芝，"你愿不愿意等我回来?"

柯玉芝怔了一下，反问李光耀道，"你知道我比你大两岁吗?如果我们在一起，你不会介意吗?"

"是的，我知道。我喜欢的是成熟的女性，"李光耀回答说。

李光耀清楚的知道自己想找什么样的伴侣。这时的李光耀可谓少年老成，他要找兴趣相仿、心志成熟的女性。这可不是容易的事。柯玉芝这个时候在他眼中是再合适不过的对象。

柯玉芝得到了她想要的答案，她也告诉了李光耀想要的答案，"我等你"。

这个时候，李光耀和柯玉芝的父母对他们两人的相处还一无所知。两个人已经准备好共同面对一切，不躲避，不退缩。

得到柯玉芝这样的回答，李光耀信心满满地开始谋划离开新加坡去英国。他设法联系一艘搭载复员军人的英国运兵船，在1946 年 9 月准备离开新加坡。

别离

李光耀去英国大学读书，动身之前，李光耀的母亲开始操心起儿子的终身大计。她的想法是，千方百计也要给李光耀订下一个华人姑娘，绝不能让儿子在英国呆了几年后，带一个英国姑娘回来，免得一家人不好相处，全家人都闹得不愉快。

母亲先后给李光耀介绍了三个背景不错、社会地位也不差的女子，她们条件都不错，但李光耀嘴上应付，心里却主意早定，不为所动。有了柯玉芝，李光耀已经心满意足了。

知子莫若母，母亲倒很精明，尤其是李光耀和柯玉芝的来往，并没有完全逃过她的眼睛。柯玉芝家的情况母亲也知道一些，有一个和她一般的母亲，保留着华人的传统，家里生活习俗与一般华人无异。

她感觉儿子将来不大可能带个一陌生的英国妻子回来，就不再张罗李光耀婚姻的事了，反而后来一有机会见到柯玉芝来，就家长里短、问冷问热地像个未来的婆婆一样。李光耀这时便向母亲道出他和柯玉芝约定的实情，她听了很高兴。

踏上前往英伦三岛之前的几个月里，李光耀和柯玉芝有很多时间在一起。出发的日子到了，李光耀找到一个表弟，用相机给他们两人照了很多合影，记录下生命里最美好的时光。这将是李光耀在英国的时光中最好的纪念品。

李光耀希望柯玉芝能继续回莱佛士学院读书，最终也争取到去英国读书的机会，这样，两人就可以在英国相聚了。

人生无常，谁也不知道是否能像约定的一样重逢。但李光耀知道柯玉芝对他矢志不渝，他也暗暗告诉自己，绝不辜负柯玉芝。

离别的日子到了。1946 年 9 月 16 日，恰好是李光耀 23 岁生日，李光耀登上"大不列颠号"客轮，李光耀的父母、弟妹，还有韩瑞生等一些朋友一起给李光耀送行。柯玉芝也在送行的人群中。

李光耀站在甲板上向大家、也向柯玉芝挥手告别。远望着李光耀，柯玉芝热泪盈眶。李光耀面对亲人、面对柯玉芝也不禁掉下了离别的泪水。

英伦团聚

到达英国的李光耀，一方面张罗着衣食住行，适应着英国的学习生活，一方面期盼着柯玉芝的讯息。

第二年年中，终于收到柯玉芝的来信，她告诉李光耀，自己考到了剑桥一等文凭，大有希望能取得"女皇奖学金"到英国来读法律。7 月份，果然传过来了期盼已久的最好的消息，柯玉芝拿到了这个奖学金。

在当时，由于英国的大学里满是从战场上复员回来上学的年轻人，一时找不到可以就读的名额，李光耀开始动脑筋，找到剑桥大学格顿学院的学监。他诚恳地说明了情况，这倒引起了英国人的好奇，很想知道比李光耀还优秀的华人女生到底是什么样的。热心的英国学监很愿意帮忙，后来有两家学院保证能录取柯玉芝这个殖民地的最优秀的女生。

1947 年 8 月底，柯玉芝在新加坡登上来英国的轮船。李光耀开始了焦急的等待。

10 月初，柯玉芝抵达利物浦，李光耀已经在码头等待多时。

分离一整年之后重逢，两人欣喜万分。李光耀陪柯玉芝坐火车到伦敦，向一个英国同学借来一辆汽车，驾车载着柯玉芝在伦敦到处观光，到英格兰南部海滨城市布莱顿徜徉在铺满小石子的海滩上，随后两人一起回到剑桥。

不巧的是，剑桥的导师分配给李光耀的宿舍离柯玉芝的宿舍很远。李光耀再给大学的学监比利·撒切尔写了一封信申诉这件事。

这位学监大人慈祥但又不乏冷幽默地回了李光耀一封信：

"Dear 李：你申诉说要去看未婚妻路途遥远……实际的路途不像你所说的那么远，尤其是在爱情提供了动力的时候……顺便说说，格顿学院会不会赏识你那么快跟这个少女结婚，我没把握，因为他们会顺其自然，而且是恰当地假定，在爱情的最初的光芒下，人们只会花很少时间读书。但我太老了，不能对一个男士和他心爱的人提什么忠告。你真诚的 W. S. 撒切尔。"

李光耀终于在柯玉芝的附近找到了住处，住在这里直到 1949

年夏天离开剑桥。

现在轮到柯玉芝不适应英国的生活了。冬天的英伦三岛，阴湿寒冷，和热带的新加坡迥然不同。柯玉芝必须穿着厚呢绒衣服外加笨重的大衣。柯玉芝不会骑自行车，只好乘公交车去上课。在食物、出行方面，花了一段时间才适应过来。

订约

但是两人的学业却都进行得很顺利，在爱情的滋润中继续读书，不久他们共同做出一个大胆的决定——秘密结婚，日期定在12月份圣诞节的假期，不让任何人知道。

他们觉得自己都已经是成熟的成年人了，应该自己决定自己的终身大事。如果这个时候征求柯玉芝父母的意见，他们一定会感到意外，他们就读的大学也不大可能赞同，最好的办法就是先严守秘密，在合适的时候公之于众。

圣诞节终于来临了，两个人先到伦敦，李光耀买了一枚白金的结婚戒指送给柯玉芝。然后来到斯特拉特福小镇，这里是英国伟大的剧作家莎士比亚的故乡。他们一到这里，就找到当地民政部门的婚姻注册官，办理相关的结婚手续，接着在这里度过了两个星期。

回到剑桥大学，柯玉芝便把戒指取了下来，挂到自己的项链上，不让人们知道他们结婚的事。

对他们来说，生活翻开了全新的一篇，但两个人一如既往，努力在大学读书。

1948年6月，期中考试成绩在剑桥评议会大厦公布了，紧张的学习告一段落，李光耀决定他们两个人到欧洲大陆去度两星期的假，见识一下广袤的欧洲。

旅行的第一站是法国巴黎。巴黎市区到处积满污垢，气氛阴沉一片，这里在二战期间曾被纳粹德国占领了四年。比起英国人，法国人显得比较穷，哪里都乱糟糟的，交通一片混乱，法国人也不爱排队礼让，推推搡搡乱挤一通。地铁里通风很差。在伦敦，男士会站起来把座位让给女士，年轻人也会让位给老年人，但法国的乘客却不这样，都是只顾自己。

李光耀和柯玉芝离开巴黎时，他心里对英国人的敬佩又大大增加了。然而在法国吃的方面却比英国美味得多。接下来他们连夜乘火车去瑞士的日内瓦。

一到瑞士，只觉得空气新鲜、气候凉爽——日内瓦简直是个洁净无瑕的城市。街道上车很少，有轨电车都很干净；五彩纷呈的鲜花在街道边尽情地竞相怒放。旅店里也是干净整洁，食物更是美味可口。一切那么美好，似乎刚刚发生的惨烈的战争和这里毫无关系一样，和巴黎形成了鲜明的对比。瑞士人很守纪律，做事高效、实际，而且待人得体，只是有时让人感到不够热情，这些都给李光耀和柯玉芝留下了深刻印象。

1949 年 5 月，李光耀和柯玉芝参加了取得法律专业学位的最后考试。6 月成绩公布。李光耀考到一等成绩，获得那年唯一的特优奖。柯玉芝也考获一等成绩，并领取了学位。他们拍电报把好消息告诉双方的父母。

在举行毕业典礼那天，李光耀和柯玉芝他们彼此的老师、同学和朋友纷纷向这对华人伴侣热烈祝贺，老同学杨邦孝给他们拍了很多照片，记录下这快乐欢庆的时刻。

结婚

两人拿到学位，回到了新加坡。李光耀找到律师的工作之后的第二项任务，就是拜访柯玉芝的父亲柯守智。

柯守智早年也是靠自学成才取得了事业上的成功，时任华侨银行总经理。李光耀恳请他把女儿嫁给他，并同他商量结婚的日期。

柯守智一听之下，不由得有点哑然失色。他一直以为李光耀的父母亲会通过传统的方式登门造访，向他提亲，没想到这个冒失的青年竟然亲自上门来求亲，而且自以为一定会得到同意。不过，他没有当面说李光耀什么，只是后来对着女儿柯玉芝发了一通牢骚。

律师雷考克在报上看到李光耀的订婚启事后，表示愿意聘请柯玉芝为见习律师，薪水也是每月500元，这真是皆大欢喜的事，他们二人可以一起上班，而且每天都能见面。

1950年9月，李光耀和柯玉芝回到新加坡，
在莱佛士酒店正式摆酒宴客。

　　1950 年 9 月 30 日，李光耀和柯玉芝秘密结婚将近三年之后，在新加坡的婚姻注册局注册，举行了第二次婚礼。接着，柯玉芝搬到了欧思礼路 38 号李光耀的家里。

　　李光耀的母亲给他们买了一些新家具，他们正式的婚姻生活从此开始了。

　　这让柯玉芝一时适应不过来，以前是二人世界，她现在必须适应李家的生活，而这时的李光耀家除了李光耀的祖母、父母亲、妹妹和三个弟弟以外，还有几个印尼来的亲戚。

　　这时的李光耀加入了新加坡的岛屿俱乐部，经常去那里打高尔夫球。一天下午，尽管下着雨，他还是跟柯玉芝一同驱车到高尔夫球场去。来到汤申路时，他的汽车突然滑向一边，掉头转了个弯，滚了两滚就翻倒在柔软的草坡上。

　　很幸运，他们几乎没受一点伤。如果再往前一点，汽车就会撞毁在一条大水管上，万一车毁人亡，李光耀将要为之奋斗的政治生涯恐怕就此告终了。

事业上的佳伴

　　李光耀深感幸运，他得到了柯玉芝这样一个妻子。

　　在多年的政治生涯中，柯玉芝从不质疑李光耀，或对他的决定有所犹豫。她对李光耀说，"我对你的判断力绝对有信心。"

　　对李光耀而言，柯玉芝是他力量和慰藉的源泉。

　　李光耀在他的事业中，要和形形色色的人打交道，柯玉芝经常陪伴在他身边。常常在判断人的时候，柯玉芝有一种女性特有的敏锐直觉，李光耀却是一个理性更多的人，习惯于依赖分析推理。柯玉芝常常能给李光耀有益的建议。

李光耀与三个孩子在家中下象棋

1962 年，李光耀和巫统领袖东古拉赫曼商谈新加坡加入马来西亚的问题，对新马合并充满了期待和信心。但柯玉芝却告诉李光耀，她对于李光耀能否和马来西亚的这些领袖们能进行良好的合作持保留态度。她告诉李光耀，"他们和你无论在脾气、性格、习俗上都有很大的不一样"，她也不认为新加坡政府里人民行动党的部长们能跟他们合作愉快。

但当时李光耀回答柯玉芝，"无论如何，我们要同马亚西亚合作到底，我们可以慢慢扩大合作的基础。"

短短的 3 年内，1965 年，新加坡终于无法维持与马亚西亚的联盟关系，只好独立建国。念及柯玉芝当初的判断，李光耀不禁佩服她的远见和眼光之准确。

在李光耀看来，柯玉芝常常通过观察对方的表情、微笑、眼神或者肢体语言，就能感受对方真实的想法和立场，判断出谁可以依赖，谁不可以，并对一个人做出准确的判断，而李光耀却自认为没有这个特长。

每当李光耀和其他国家的领导人会面，柯玉芝会有机会和这些领袖夫人们接触。事后，柯玉芝会和李光耀谈谈她的感受。这些感受对李光耀来说有很好的帮助，更准确地把握和他打交道的是什么样的人。

柯玉芝经常不厌其烦地用一个优秀律师对文字特有的精确，替李光耀修改他的演讲稿，整理李光耀对外公开谈话的文字记录。但是对于事关丈夫工作中有敏感性和机密的文件，柯主芝总是会主动回避不看。

李光耀当上了新加坡的总理，每天忙于处理公务。但柯玉芝也有自己的律师事业。和自己的丈夫一样，她是一名合格的优秀律师。

柯玉芝一边忙自己的事业，一边照顾他和李光耀的三个孩子。虽然孩子们的父亲是新加坡的总理，但是柯玉芝却以知识女性特有的世界观影响孩子，教他们学会平等和关爱别人，而绝不容忍他们仗势欺人。每天中午，柯玉芝一般不和客户吃饭，而是回到家里，跟孩子们一起吃午饭，保持和孩子们的亲密接触。

管教起孩子来，有时柯玉芝比李光耀可严厉多了。孩子们过分顽皮不听话的时候，柯玉芝毫不留情面，甚至不惜用藤条管教淘气的孩子。这李光耀自己可做不到，李光耀小时候挨过父亲的打，李光耀不想对他的下一代采取这种方式。

相伴

在李光耀当上总理后，柯玉芝的的生活基本上就围绕着李光耀，而孩子们小的时候她则是围绕着孩子们的。

有一次，柯玉芝温和地对李光耀提出了抗议。

"亲爱的，我们是一种伙伴关系，"李光耀回应妻子的抗议。

"但这不是平等的伙伴关系，"柯玉芝回答道。是的，由于李光耀位高权重，责任重大，家庭里的很多事常常不得不以李光耀为中心，柯玉芝要担负起照顾李光耀的责任。

但晚年的柯玉芝突然间因为中风，健康状况每况愈下，无微不至照顾她的却是李光耀。柯玉芝不止一次说，同医生比较，她更喜欢李光耀的照顾。

第一次中风后，柯玉芝失去了左眼的视力，影响了她阅读文字，但仍每天傍晚都游泳，也继续陪李光耀出国访问。她幽默地把和李光耀的生活分成"中风前"和"中风后"，就像"公元前"和"公元后"。

李光耀记得她所要吃的药物的复杂规定。由于柯玉芝左眼看不清东西了，李光耀便在柯玉芝用餐时坐在她左边，他提醒妻子吃盘子左边的食物，并捡起她左手掉在桌上的任何食物。

李光耀是家里的长子，但也是典型的华人家庭中的男子，不事家务。用女儿李玮玲的话说，"他甚至不知道怎样敲破一粒半生熟的蛋"。

当晚年的柯玉芝健康恶化后，李光耀调整了他所有的生活方式来配合妻子，照顾妻子吃药，反过来让自己的生活围绕着她。

2003 年，李光耀 80 大寿时和妻子柯玉芝一起吹生日蜡烛

　　柯玉芝一直伴随丈夫，从校园到政坛，携手走过人生四分之三的时间。2010 年 10 月 2 日，柯玉芝在家中去世。

　　李光耀在柯玉芝的追悼会上，忍住悲痛说道，"对我们在一起的 63 年，我有珍贵的回忆。没有她，我会是个不同的人，过着完全不同的生活。她为我和我们的孩子奉献一生。我需要她的时候她总是在我身边。她度过了充满温暖和意义的一生。"

　　这份深厚而克制的爱，李光耀只有在追悼会上的最后一句发言中才稍稍释放："这最后告别的时刻，我的心是充满悲伤的。"

2 李光耀的孩子们

　　1959 年，李光耀出任新加坡总理，当上了新加坡的最高领导人。他做一个决定，全家人不住进新加坡总理府的官邸，而是继续住在原来的家中，只是这里加强了安保措施。李光耀不想让他的几个孩子生活在一个有管家、有清洁工人、养尊处优的舒适环境中。

　　"那对他们的长成不利，会让他们觉得高人一等，失去自食其力的动力，"李光耀这样想。看着孩子们一天天地成长，李光耀不时提醒自己，要给孩子们营造一个健康向上、有益身心的环境。

新加坡第三任总理——李显龙

　　李光耀的第一个孩子李显龙出生于 1952 年，随后又在 1955 年生下了女儿李玮玲，1957 年生下了儿子李显扬。

　　大儿子李显龙在很小的时候，就陪着李光耀在竞选的时候到新加坡的选区访问，成了父亲的小"助选员"。12 岁的李显龙，就目睹了 1964 年新加坡发生种族暴乱的混乱情景。

　　在很小的时候，李光耀把李显龙送到了汉语教育的幼儿园，5 岁的时候，又开始在课外学习马来语言。在家的时候，母亲和小李显龙讲英文，父亲和他说中文，他很早就精通了这三门语言。李显龙为了学马来文，阅读巫统出版的《马来前锋报》，这份报纸是刊登了很多政论方面的文章，这让李显龙在很早的时候就开始关注起了时政变化。

　　他的学业像当年的父母亲一样优秀，但李光耀和柯玉芝并没有鼓励孩子们一定要读法律，未来像他们一样当律师。

　　后来李显龙选择了数学专业，并进入英国剑桥大学中著名的三一学院就读。这里培养出了 32 名诺贝尔奖得主，著名的毕业生包括了牛顿、培根、拜伦、罗素、维特根斯坦等人。

　　1974 年，李显龙获得了那里的数学一等荣誉学位以及电脑科学优等文凭。他的导师在一封信中提到，

2004 年 8 月 12 日，李光耀在儿子李显龙宣誓就任新加坡总理后上前祝贺。

李显龙"比排第二名的一等考生取得多 50% 的 A 等分数",而"在剑桥数学荣誉学位考试历史上,不曾有过最突出学生和第二名考生的成绩有这样差距的记录"。

李显龙的导师很希望他能够留在剑桥,相信他以后一定在数学领域大有建树。李显龙给导师写了一封信,解释他为什么一定要回新加坡:

> "现在,让我说明我不要成为专业数学家的原因。不论以后做什么工作,我留在新加坡是绝对必要的。这不单是因为我的特别身分,如果'人才外流',将严重打击新加坡的士气,更重要的原因是,我属于新加坡,我也要留在新加坡……而且,对于世界变成什么样或者国家往什么方向发展,数学家所能做的实在有限。"

回到新加坡后,李显龙在新加坡的武装部队中当过连长、营长和旅长等。

1978 年,李显龙跟马来西亚籍的华人女孩黄名扬结婚。他们在英国的剑桥大学相遇,并一见钟情,当时黄名扬在格顿学院修读医科。1982 年,黄名扬为他们生下了第二个孩子后,因心脏病去世,给李显龙遗下了当时只有 19 个月大的女儿李修齐和出世仅 3 个星期的儿子李毅鹏。

李显龙在亡妻的葬礼上悲痛地说:"她是我的妻子,我的爱人,我的伴侣,也是我的知己。她爱我,珍惜我,敬重我,安慰我……我也尝试同样待她。如今,死亡把我们分离。我们都得学习在没有她的情况下,继续活下去。"

这个时期的李显龙,正在新加坡的武装部队中服役。有一段时间，李光耀和柯玉芝为李显龙的个人生活发愁，担心他一个带着两个孩子的单身男人，再加上在部队服役，会不容易找到伴侣。

但在 1985 年 12 月，李显龙跟在国防部担任工程师的何晶结婚。何晶是新加坡大学的优秀毕业生。这是一段美满的婚姻，他们生下两个儿子。何晶把李显龙的另外两个孩子视如己出。

1984 年，身为李显龙上司的吴作栋劝他进入新加坡的政坛，认为李显龙在政治方面有天赋和潜能。当时的李显龙有些犹豫，他担心从政将占用他大量的业余时间，无法照顾两个年幼的孩子。在和当总理的父亲以及母亲商量过后，他决心从政，离开新加坡的武装部队，参选 12 月的新加坡大选。32 岁的李显龙在大选中以高票当选新加坡国会议员。

1992 年 10 月，李光耀和柯玉芝去南非的约翰内斯堡访问，期间接到了李显龙的电话，告诉了他们一个令人震惊的消息——李显龙被诊断患上了淋巴癌。幸好，经过几个月的密集化疗，癌细胞被完全清除，五年后，一直没有复发，到 1997 年，一家人悬着的心才掉了下来。

从政后，李显龙陆续担任了新加坡的贸工部部长、第二国防部长、副总理和财政部部长的要职。

1990 年 11 月，李光耀卸下新加坡总理职务，吴作栋继任，委任李显龙为副总理。

这个时候，新加坡社会出现了一些批评李光耀任人唯亲的声音，说李显龙因为是李光耀的儿子而被过于器重。

实际上早在 1989 年，李光耀辞去新加坡总理的前一年，曾在人民行动党的大会上说过，要是让李显龙接替自己，对新加坡或对他本人来说都不是好事。李光耀不想让人们把李显龙看作是他的接班人，如果有一天李显龙真的当上了新加坡总理，那他应该是凭自己的实力坐上这个位子。

李光耀本可以再留任几年，等李显龙取得成为国家领袖的足够支持时才卸任，让李显龙直接接班。但是李光耀没有这么做。

结果，1997年吴作栋再一次赢得大选，连任新加坡总理，替李显龙铺路的说法渐渐平息。这一时期，李显龙在新加坡政界经过了长期的浸淫，获得了丰富的国家治理经验，渐渐奠定了政治领袖的地位。他在处理新加坡面临的许多棘手问题的时候，显示出果断、高效的作风，得到了新加坡政府部门的部长和国会议员的认可。

2004年8月，李显龙出任新加坡总理兼财政部长，成为新加坡独立后的第3任总理。同年12月，当选了新加坡人民行动党的秘书长。

李光耀曾这样回应自己的儿子当上新加坡总理的问题："如果我没当上总理，他（李显龙）可能早几年就坐上了那个位置。我不会让不够格的家庭成员担任要职，因为这对新加坡或我本人的历史功过来说，都是个灾难。决不能允许这种事发生。"

这显示了李光耀对儿子的肯定和信心。

快乐的单身医生——李玮玲

李光耀当上总理的时候，女儿李玮玲才4岁。

李玮玲曾就读于南洋女子中学，之后她和父母亲当年一样，到莱佛士书院念高中。小时候的李玮玲喜欢狗和小动物，天真的想法使她将来想当一个兽医。少女时代的她也经常陪父母到东南亚各国去出访。她和哥哥一样，中学毕业时得到了新加坡的总统奖学金，选择去新加坡大学攻读医学。

李光耀有一次对女儿说，"你有我所有的特性——但在程度上却远过之而无不及，以致它们成为对你不利的条件。李玮玲也自认为自己的性格和李光耀很相似。

在李玮玲看来，她不但有那样一个优秀的父亲，还有一个同样优秀的母亲。

她的母亲是那个时代的一个职业女性，既疼爱和照顾孩子，也要照顾丈夫的事业，同时，又在职业上有自己的一番天地，甚至一度成为家里的主要经济来源。

女孩子往往以同性的家长作为学习的对象。但是，用李玮玲的话说，"我妈给我定下了太高的标准。我无法想象自己成为和她一样的妻子和妈妈。"

她也和她的父母亲一样，成了一个领域的出类拔萃的专家。在李光耀和柯玉芝生活过的殖民地时代，医生、律师、教师，都是属于能够自食其力的专业人士和社会中产阶级上层，这种观念无形中影响了李玮玲。后来李玮玲在她的专业领域里得到了进一步发展，担任新加坡国立脑神经医学院的院长。

李玮玲一直保持着单身生活，这让她有更多的时间和年龄逐渐增长的父母亲在一起，多陪伴他们。有一次，李光耀不禁有些内疚地对李玮玲说，"你妈妈和我可能因为自私，让你维持了单身，可以在我们年老时照顾我们，让我们感到高兴。但你会觉得孤独。"

李玮玲的想法却是，一个人觉得孤独要好过两个人因为无法相互适应而感到痛苦。

李玮玲说，"我知道我不能围绕着丈夫生活，也不希望丈夫的生活围绕着我。"

李玮玲回忆自己的第一次约会是在21岁时，对方是同一个医院的男医生同事，他们相约一起去参加一个晚餐聚会。聚会上，李玮玲注意到，与会的其他宾客都是有钱的社交界人士，这让李玮玲感到不快。李玮玲形容自己当时马上把这个男同事"像'烫手山芋'般地放弃了"。此后的李玮玲结交了很多朋友，他们是纯粹的友谊，而单身的坚持再没有改变过，她形容自己是"快乐的单身人士"。

在很多场合，李玮玲毫不讳言自己的华人血统，并为之自豪。李玮玲称自己不是绝顶聪明的人，但她和当年南下移民的祖先一样，有韧性。她这样说，"华侨的祖先或许不是学识突出的，但他们的勇气和韧性，却让他们生存了下来"，而她愿意继承这样的精神。

最小的孩子——李显扬

李显扬是李光耀最小的孩子，新加坡现任总理李显龙的弟弟，1957年在新加坡出生。1976年李显扬和他的哥哥、姐姐一样，获了新加坡总统奖学金，以及新加坡武装部队奖学金。后赴英国剑桥大学的三一学院就读，同哥哥李显龙一样。1979年李显扬从剑桥大学毕业，获一等荣誉学位，并到美国斯坦福大学继续深造，获得那里的理科硕士学位。

回新加坡后，也加入了新加坡的武装部队，历任装甲部队的连长、营长、旅长和参谋长兼联合行动与策划司长等职务，得到过新加坡军队的准将军衔。

退伍后，他在 1994 年 4 月加入新加坡电信，1995 年 5 月出任公司总裁，直至 2007 年 4 月卸任。11 年里，他为公司拓展了印度和印尼市场，使公司盈利扩大了两倍。在 2004 年的"新加坡商业奖"中李显扬获得了"优秀总裁奖"。

李显扬的妻子是新加坡著名的经济学家林崇椰教授的女儿林学芬，为他生下了三个孩子。

除了履行公司的工作职责之外，李显扬和姐姐李玮玲一样，尽可能地避开人们的注意力，游离在国家政治领域之外。2006 年，李显扬曾公开说过，他没有很大的兴趣投身政治。

李显扬曾经说过，在成长的岁月里，尽管父亲是一国总理，但他总是尽量让三个孩子像普通的家庭里一样，正常地生活。例如，让儿子乘公交上学。"他不希望我们在享有特权的环境中成长"，李显扬说。

哥哥李显龙的首任妻子去世后，全家人都很难过。李显扬和自己的妻子林学芬希望为这个大家庭里尽量多增添一些快乐，他们开始每年都为举办父母庆生活动。邀请父母和哥哥姐姐、岳父母以及孩子们一起到自己的家里，李显扬亲自下厨准备。

儿子、女儿的诞生，被李显扬形容"为爸妈带来了无比的喜悦"。"在孙女和孙儿们年幼时，爸爸喜欢在傍晚下班后运动时，有他们在身边玩耍。他经常会在周末时，带他们去动物园、飞禽公园、科学馆以及其他一般家庭喜欢去的地方。"李显扬说。

欢乐的大家庭

由于李光耀是家里的大哥，从很早的时候起，母亲把他视作未来的一家之长，很多重大的事情都会和李光耀商量着办。

李光耀的兄弟姐妹众多，而且各有专长，都在各自的领域里取得了成功。但他们都像家长那样敬重他们的大哥李光耀。李光耀的三个弟弟李金耀、李添耀、李祥耀和妹妹李金满，他们和李光耀一样，对自己有个坚强、足智多谋和意志坚定的母亲而感到幸运。在母亲力主下，他们一一都受到了良好的专业教育。

很多年后弟妹们还是把李光耀这个大哥视为一家之主。这个大家庭每年至少聚会两次，一次是在农历除夕吃团圆饭，另一次是在阳历新年。

一到星期天，一大家人经常到李光耀家聚餐，这个时候，最热闹的莫过于他们的孙辈，在房间里打闹嬉戏，一刻也不停，以至于李光耀一方面觉得快乐，一方面又觉得他们的父母未免有点儿放纵小孩子，完全不像自己小的时候。

但他像所有的爷爷一样，对自己的孙子们疼爱不已。

◆第五篇　新加坡的外交之道

李光耀的与中国

李光耀的中国破冰之旅

上世纪 70 年代，中国开始致力于争取和团结东南亚国家，以应对苏联的势力扩张。这样，打开与新加坡的关系，就成了中国外交的重要内容。

双方的第一次接触在是 1971 年，新加坡首次派乒乓球队应邀参加在北京举行的"亚非乒乓球友谊赛"，随后，中国于次年派国家乒乓球队回访。

这个时期的李光耀，对中国存有戒心。为了维护新加坡的政权，在立场上一向倾向于欧美国家的李光耀对东南亚的共产党抱着警惕心理，这种心理进而延伸到了中国。

1976年5月12日，首次访华的李光耀与已经83岁的毛泽东会晤。

1974年5月，马来西亚总理拉扎克访华，5月31日中马两国建交。这对促进中国和新加坡的关系起了极大的推动作用。1975年3月，新加坡外长拉贾拉南访华，周恩来总理接见了他。拉贾拉南向周恩来表示，由于东南亚一带华人数量众多，使得新加坡的邻国对于新加坡这个以华裔人口占绝大多数的国家特别敏感，新加坡只能在印尼同中国复交之后，才能同中国建立外交关系。周恩来表示体谅。

1975年6月泰国首相克立·巴莫访问中国，7月1日中泰建交。周恩来借机请克里·巴莫向李光耀传话，邀请他访问中国。遗憾的是，未等李光耀成行，周恩来已于次年1月8日逝世。

1976年5月10日至23日，李光耀率团首次访华，这在双方的外交上堪称"破冰之旅"。李光耀想通过这次经过了长期的酝酿才下定决心的访问，尽可能地了解中国，同时他极为谨慎地安排这次出访，避免给别人造成这样的印象：他是以炎黄子孙的身份"寻根追祖"来了。

李光耀特意在他率领的 17 人代表团里安排了新加坡不同族群的人士，其中有在斯里兰卡贾夫纳出生的泰米尔族的第二副总理拉贾拉南、马来族的政务次长麦马德和华人外交部政务次长李炯才。他们和李光耀一起出席所有会议，并在各种场合一律讲英语，避免让人感到他们与中方的关系过于私密。中国方面的接待人员理解他的意图，在细节也配合李光耀，尽量避开敏感问题。

此时由于毛泽东已经年事已高，且疾病缠身，已极少见客。5 月 12 日，李光耀一行来中国的第三天，中国外交部官员突然通知李光耀，毛泽东要会见他。李光耀十分欣喜。

车队载着李光耀一行来到中南海毛泽东的住处，下车后，李光耀和副总理拉贾拉南被带到了毛泽东的起居室。李光耀一进门，看到毛泽东身穿浅灰色中山装，靠坐在客厅正面的沙发上。一见李光耀进来，毛泽东由护士扶起来和他握手。主宾坐定后，李光耀一改往常随意的坐姿，正襟危坐，显示对毛泽东的尊重。

毛泽东的身体很虚弱，说话含糊、吐字不清，加之浓重的湖南口音，大家很难听懂，由秘书张玉凤用普通话提高了嗓门逐句向大家重复。有几次，张玉凤不得不在纸上写几个大字，请毛主席确认无误后，再由旁边的翻译译成英语。华国锋和时任外长乔冠华在一边陪同，会见持续了约一刻钟时间。

第二天，《人民日报》等中国各大报章都在头版头条刊发了这次会见的消息和照片。

这次访华一定程度上淡化了李光耀对中国在政治上的疑虑，他回新加坡后就放宽了新加坡公民旅华限制，允许 60 岁以上的人可以来中国旅游观光。

和邓小平的两次会面

　　1978 年 11 月 12 日，74 岁高龄的中国副总理邓小平在访问了多个东南国家后，又访问了新加坡，同李光耀会面。这成为李光耀的一次难忘的经历。邓小平听了李光耀对于中国在华人和共产党等问题上的政策和做法的质疑和批评后，直率地反问李光耀，"你要我怎么做？"

　　这种坦诚的语气使李光耀为之一震。他感到邓小平与他首次访华时接触的领导人的态度截然不同。李光耀对邓小平坦然相告了一些具体的不满意见，例如不赞成中国支持东南亚的共产党人架设广播电台在当地进行革命宣传等活动。邓小平则回应他，改变这些"需要时间"。邓小平惊人的谦虚、坦诚和敢于正视批评的勇气，赢得了李光耀的敬重和信任。

　　这次和邓小平的会见打开了李光耀的许多心结，随后，新加坡民间访华人数大量增加，中新贸易迅速增长，新加坡成为我国除香港外的最大转口贸易站。

　　1979 年 12 月 29 日，中新两国政府在北京签订了贸易协定，1980 年，两国互设了商务代表处，外交关系进一步密切。

　　1980 年 11 月，李光耀携夫人柯玉芝和女儿李玮玲第二次访华。那时，"文革"已经结束，中国已经进入了一个改革开放的新时代。但是，李光耀刚一抵达北京的南苑机场，便老调重调，发表了一番讲话谴责中国支持东南亚国家的共产党颠覆本国政府宣传的讲话。这本来会造成外交上双方一番唇枪舌剑，但中国的领导人大度地没有公开回应李光耀的讲话。

李光耀对邓小平一直十分尊重，这位新加坡的开国总理不止一次被问到同样一个问题，"你认为在这个时代里，谁是最伟大的领袖"，每次他都毫不犹豫的回答——邓小平。图为 1988 年，李光耀拜会邓小平。

11 月 11 日上午，李光耀再次见到了邓小平，他对邓小平的尊重、热情和友好溢于言表。两年多来中国的政策调整和对国际及东南亚影响力的变化，使李光耀更觉得邓小平是一位高瞻远瞩的政治家。李光耀告诉邓小平，"中国四个现代化的成功，对整个亚洲及地处东南亚的新加坡都有好处。中国繁荣了，各国就多了一个好的贸易伙伴。"

邓小平坦言，"有的国家认为，东南亚的真正威胁来自中国。这个问题应弄清楚，否则不可能建立相互信任的关系。中国地方这么大，人口这么多，还要人家的地盘干什么？"

邓小平又对李光耀说，"中国要摆脱贫困，绝不是本世纪末的事情，甚至还需花下个世纪的一半时间才能达到。我们现在的国策，就是永远不称霸。希望新加坡朋友做做工作，使他们了解中国的真正意图。"邓小平这样强调新加坡的作用，李光耀听了当然很是高兴。

会见结束后，李光耀得以带着夫人和女儿在中国的名胜古迹畅游了一番，感受了一番中华的壮丽山河。

参观周口店北京猿人遗址时，李光耀久久地在洞口矗立。拉贾拉南走上前去对李光耀半开玩笑地说："你的祖先就是从这个洞里爬出来的。"

李光耀则对他的副总理反唇相讥："你的祖先也未必不是从这个洞里爬出来的。"

他们参观游览了承德皇家避暑山庄，又乘游轮从重庆沿江而下，直至宜昌，历时一天半，饱览长江三峡秀丽风光。李光耀的胸中不禁回荡着对中华民族披荆斩棘、创造文明历史的由衷景仰。他忍不住用汉语向全程陪同的中国副外长韩念龙大大赞叹一番。接着李光耀访问了几个城市，来到厦门鼓浪屿，熟悉的福建乡音让李光耀倍感亲切，欣喜万分，这就是他的祖先的语言，这里也是新加坡大多数华人的祖籍所在。

李光耀的两次访华，奠定了两国关系的牢固基础。1990 年 8 月中国和印尼复交后，中新于当年 10 月 3 日正式建交。

这一时期，李光耀对中国的思想态度发生了根本性的转变。原因主要在于中国改革开放后发生的巨变。李光耀发现他在中国的改革开放期间给邓小平提出的建议，很多都被中国采纳了。另一方面，中国并没有如同很多人担心的那样，向东南亚国家传播中国的意识形态和价值观，也就是所谓的"输出革命"，没有对新加坡的政局稳定构成威胁。

包括在 1976 年首次访问中国,李光耀在 37 年间共访华 33 次,并分别于 1976 年、1978 年、2002 年、2004 年、2010 年会见了毛泽东、邓小平、江泽民、胡锦涛和习近平。2005 年 5 月,李光耀被复旦大学授予名誉博士学位。2011 年 5 月 23 日,时任国家副主席习近平在北京人民大会堂会见了已卸任内阁资政的李光耀,习近平积极评价了中国和新加坡关系良好的发展势头。

关于中国的预言

2013 年 8 月 6 日在李光耀在他的总统府发布一本新书——《李光耀观天下》,在书中他专门谈到关于中国的三个预言。

"中国有自己的方式",这是李光耀的第一个预言。他在书中

2005 年 5 月 17 日,复旦大学授予 82 岁的李光耀名誉法学博士的学位。离场时,他被记者包围。

说："5000 年来，中国人一直认为，只有中央强大，国家才能安全；中央软弱则意味着混乱和动荡。每个中国人都理解这一点，这也是中国人的根本原则。西方一些人希望中国变成西方传统意义上的民主国家，但这不会发生。中国是一个有着 13 亿人口的巨大国家，文化和历史都与西方不同，中国有自己的方式。"

他的第二个预言是"中国将寻求与世界强盛国家平起平坐"。他认为，全球力量格局在发生改变。再过 20 到 30 年，中国将寻求与世界最强盛的那些国家平起平坐，中国希望成为世界最伟大的国家。

2007 年 11 月访华时，李光耀曾同习近平首度会面，这给他留下了深刻印象。

"习近平的大气让我印象深刻。他视野广阔，看待问题深刻透彻，但又丝毫不炫耀才识。他给人的感觉很庄重。这是我对他的第一印象。我进一步想到他曾经受的磨难与考验，1969 年到陕西插队，一步步往上奋斗，从未有过牢骚或怨言。我想，他应该属于纳尔逊·曼德拉级别的人物。"

对习近平的评价成为了李光耀第三个预言。

李光耀的中国情结一再显露。2013 年，他又出版了一本书，名为《李光耀论中国与世界》，着重谈了他对中国崛起的前景的看法。

中国会成为西方式民主国家吗？李光耀的答案是，不会。中国不会成为一个自由的西方式民主国家，否则就会崩溃。"对此，我相当肯定，中国的知识分子也明白这一点。如果你认为中国会出现某种形式的革命以实现西方式民主，那你就错了。中国人要的是一个复兴的中国。"

中国真的会成为第一大国吗？"中国的最大优势不在于军事

影响力，而在于经济影响力……中国拥有的廉价劳动力超过其他任何一个国家，它的影响力只会提升并超过美国。"李光耀在书中这样说道。

总体上说，李光耀对中国的发展模式持赞赏的态度，而且看好中国未来的发展前景。

2

耀眼观天下

担任新加坡总理之后，李光耀与世界各国的领袖建立了深厚的友谊，尤其与英联邦国家的首脑过从甚密。

由于刚刚执政的李光耀才 40 岁出头，在政坛可谓是年青的一代，他很注重向各国领导人学习治国的经验。他认为，他在治国方面最好的良师益友，就是他所接触的世界领袖们。

在他的回忆录里，他曾把他接触过的各国领袖人进行了一一品评，可见他对这种交往和友谊的重视。

的确，在李光耀领导新加坡进行国家建设的时候，他参考了诸多国家的成功经验。他的个人作风也受到一些优秀国家领袖的深深影响，而他自己也毫不讳言这一点。

儒家文化

1994 年，李光耀接受美国《外交》季刊访问，谈到了中国儒家文化对国家治理的深远影响，引起了西方政坛的反响。

李光耀所谈的"儒家伦理"，涵盖了中国、韩国、日本、越南这些地区。

他认为，东亚的儒家社会同"西方自由放任的"社会，有着根本的差异。在他看来，儒家社会相信个人脱离不了家庭、大家庭、朋友以至整个社会，政府不可能也不应该取代家庭所扮演的角色。而西方人则相反，西方社会相信政府无所不能，在家庭结构崩溃时足以履行家庭固有的义务，未婚妈妈的现象就是一例。

李光耀说，"新加坡仰赖家庭的凝聚力、影响力来维持社会秩序，传承节俭、刻苦、孝顺、敬老、尊贤、求知等美德。这些因素造就了有生产力的人民，推动了经济增长。"

李光耀认为，社会成员的自由只能存在于一个秩序井然的国家，一个斗争不断、处于无政府状态的混局，自由根本不可能存在。对于东方的国家而言，最重要的目标是建设一个井然有序的社会，才能让每一个人都能享有最大的自由。

他认为，当代美国社会的一些东西，是完全不能为亚洲人所接受的，枪械、毒品泛滥，暴力犯罪活动，人们居无定所，粗野的社会行为，处处反映了公民社会的崩溃。

"美国不应该不分青红皂白地把它的制度强加于别的社会，这一套在这些社会根本行不通"，李光耀说。

美国人对于李光耀常常有一种批评的声音，例如，新加坡控制西方报纸杂志的发行，限制西方舆论在新加坡的传播。更有的西方人抨击李光耀是"独裁统治"。

李光耀为自己辩护说，"就因为我们不愿遵照他们定下的准则行事，所以他们不接受这个新加坡人民年复一年投票选出的政府也会是个好政府。"

他说，"没有一位美国评论员找得出新加坡政府贪污、任人唯亲或道德败坏的任何岔子。"

李光耀这样的说法，有他的底气，1990 年以来，像香港政治与经济风险咨询机构等多个商业风险机构，连续几年都把新加坡列为全亚洲贪污情况最微的国家。根据柏林国际透明度机构的报告，新加坡的清廉程度排名世界第七，排在英国、德国和美国之前。

西方民主的问题

90 年代，冷战结束了，美国人一下子失去了强大的对手，美国开始把人权和民主，以及西方同东方的价值观，列为议事日程中的首要课题。美国曾要日本把它所提供的援助计划，同受益国的民主与人权记录挂钩。

1991 年 5 月《朝日新闻》邀请李光耀出席在东京举行的一个论坛，请李光耀谈一谈对这个问题的看法。

李光耀认为，英国和法国在二战后分别让 40 多个前英国殖民地和 25 个前法国殖民地相继独立，并为这些国家制定西方式的宪法，迄今已有 50 年了。但在李光耀看来，这些国家的表现迄今为止都都很糟糕。

在李光耀看来，英国、法国、比利时、葡萄牙、荷兰和美国的民主体制，是花了几百年才形成的，却要在一夜之间把他们的政治制度强加给别的前殖民地国家。

他以菲律宾为例，认为就连美国也无法成功地让菲律宾这个前殖民地在独立 50 年后的今天成功地推行民主制度。

李光耀提出了这样的观点，"任何社会要成功推行民主的政治制度，它的人民必须先得在教育和经济上达到高水平的发展，有人数可观的中产阶级，生活不再只是为了基本求存而斗争。"

他说，"我相信一个民族惟有培养起包容和忍让的文化，民主才行得通。在这样的环境里，少数人能够接受由多数人做主，直到下届大选为止，同时耐心地和平地等待机会，以说服更多选民支持他们的主张，使他们能够组织政府。把民主制度强加给那些传统上你争我斗、至死方休的国家是行不通的"。

李光耀又举了韩国的例子。二战后的韩国，不论在韩国政坛当家做主的是个军人独裁者或者是民选总统，韩国人都要上街斗争到底。而台湾的议会里也常常是打做一团，街头政治暴力不断。

强大但鲁莽的美国人

李光耀在 1947 年在英国剑桥大学就读的时候，弟弟李金耀从美国来到了英国，他从美国带来了精美昂贵的尼龙丝袜、可以快速晾干的衬衫以及漂亮的行李——这一切都是在经济紧缩时期的英国买都买不到的。

那时的美国让李光耀感觉简直像是一个物产丰美富饶的仙境一样。虽然如此，李光耀还是跟英国人抱着同样的看法，认为美国人缺乏经古老文明熏陶的高雅素质。他们过于急功近利，过于鲁莽急躁，过于雄心勃勃。这就是李光耀最初对美国的看法。

李光耀上台后，这个时期的美国几乎成了世界上最为强大的国家，继承了英国人在世界上的霸主地位，而英国人在世界各地的殖民地正全面收缩力量。李光耀一度最担心是英国军队从新加坡撤军，怎么防范共产党人暴动，怎么防范马来人吞并，谁来保证新加坡的安全？

李光耀放眼环球，在他看来，只剩下一个国家能保障东亚的安全和稳定——美国。

同一时期的美国人却固执地在越南战争中越陷越深，精力大为分散，这让李光耀很是担忧。当时李光耀认为，新加坡要让美国继承英国所扮演的角色，保护新加坡，不是不可能，但政治代价很大，他要在第三世界背负"帝国主义同路人"的名号，但是，靠澳大利亚和新西兰，这两个国家在世界上说话的份量明显不够。

但他清楚地知道，英国人大势已去，这将是一个美国人的世纪。

在李光耀看来，英国人和别的国家，尤其是新加坡这样的前殖民地国家打交道时，总还客客气气，意图维持着绅士的气派。但实用主义的美国人不同，处处在提醒人们，它是当时世界第一流的强国，肌肉发达，它的行事的风格总让人感到在耀武扬威。

李光耀觉得，许多美国领导人总是想当然地以为世界上很多不同种族、宗教和语言之间千百年来存在的仇恨、敌对和冲突，只要愿意砸钱，就能自然化解开。

1965 年 8 月底，李光耀的妻子柯玉芝患病，急需要动手术，李光耀向医学科技发达的美国人求助，希望通过美国领事馆要求美国政府派一名专家帮助医治，结果美国领事馆的工作人员居然用不置可否的态度回应李光耀。李光耀又找了英国人，英国方面的医学专家立刻一口答应飞到新加坡，并表示很体谅柯玉芝由于种种原因不方便离开新加坡到英国就医。

美国人的傲慢态度惹怒了李光耀，他马上指示新加坡政府公布了4年前美国中央情报局特务企图收买新加坡官员的事件。

美国人在亚洲对抗共产主义的方式，也没

2002年5月1日，时任美国总统小布什在白宫与到访的新加坡内阁资政李光耀会晤。

有给李光耀带来好感，在他看来，美国人的方式可以称得上是极其简单、粗暴。最著名的事件就是，亲美的南越总统吴庭艳被暗杀，美国人不但坐视，甚至背地里支持。

李光耀不禁这样说，"他们的本意是好的，但是过于专横，而且对历史缺乏认识。"

但是李光耀必须和美国人打交道不可，对他来说，道理是不言而喻的——想阻止共产党人在东南亚一带崛起，间接维护新加坡的政权，能做到这些的只有美国人。

从另一方面讲，正由于美国人积极地充当反共先锋，在全球范围内与苏联形成对峙，让世界形成两极，这恰恰给当时包括新加坡在内的第三世界国家留下了空间，使新加坡这样的小国有了回旋余地，可以采取左右逢源的立场，谋取政治上的利益。否则，任何一方占有绝对优势，对于新加坡来说都绝不是好事。

李光耀在1965年越南战争最为激烈的时候，委婉地表明立场支持美国介入越南。他在一个集会上说，"身为亚洲人，我们必须维护越南人民的民族自决权，维护他们不受欧洲人支配的自由和权利。作为民主社会主义者，我们必须坚持，南越人民有权不受武装力量和组织性恐怖活动的压迫，以致最终被共产主义所淹没。因此，我们不得不寻求一个方案，先让南越人民有可能重新获得选择权。眼下他们要么只能选择成为共产党的阶下囚，要么是让美国的军事行动持续下去。"

这一时期，李光耀多次表达这样的观点，美国在越南进行干预，是在给东南亚国家争取时间，东南亚国家的政府必须充分利用这个时机，解决东南亚社会中存在的贫穷、失业和财富不均等问题。

一个东南亚新国家的领导人的这一番挺美言论，引起了美国负责东亚事务的助理国务卿邦迪的注意。1966 年 3 月，邦迪拜会李光耀，问起李光耀对越南战争的看法。李光耀回答，美国人想赢得这场仗战争，南越人民的抵抗意志才是关键因素，这个因素眼下却不存在。

1966 年初，李光耀同意让在越南作战的美国士兵到新加坡来休假娱乐。此后，来新加坡休假的美军士兵每年大约有两万人，占当时新加坡总游客人数的 7%。对李光耀来说，这带来的经济收益是一方面，另一方面更为重要的是，他用这种方式变相而低调地表明新加坡支持美国在越南的行动。

1967 年 10 月，李光耀飞抵纽约，随后搭乘直升机直抵白宫，在白宫草坪，受到了美方仪仗队的隆重欢迎，时任美国总统约翰逊上前和李光耀亲切握手。

约翰逊总统给予李光耀极高的赞扬，说李光耀是"爱国者、杰出的政治领袖、新亚洲的政治家"，说"不光在亚洲，非洲和拉丁美洲也一样——凡是人们能努力争取自由、尊严的生活的地方，新加坡都为所能取得的成就立下一个光辉的榜样"。

美国人过于直率夸张的赞扬让李光耀听得简直有些难为情。单独会谈中，约翰逊直截了当地问李光耀关于越南战争的问题，"这场战争赢得了赢不了？我做得对不对？"

李光耀回答他，"你做得对，只是，在军事意义上，这场战争是赢不了的"，不过，在政治上这场仗意义重大。

约翰逊听到李光耀的肯定，颇为高兴。

这次访美李光耀每天马不停蹄在美国到处跑，几乎没完没了地向媒体发表谈话。只有到达夏威夷时打了一天高尔夫球，才算略作放松。十天的访美历程，让李光耀感到，新加坡与美国的关系远不能与同英国关系相提并论，新加坡这个地图上的小不点，一时还不能完全引起美国人的兴趣。

1969 年 5 月 12 日，李光耀再次访美，会见了时任总统尼克松。时逢中国文化大革命进入高潮，尼克松问李光耀对中美两国关系不和看法。李光耀说，"中美两国并没有什么与生俱来的或者根深蒂固的纠纷。美中两国的边界线是人为的，就划在台湾海峡的海域上，这是暂时性的，会随着时间消失。"

李光耀所不知道的是，这个时候，尼克松正准备在中美关系上取得突破，所以向华人血统的领袖李光耀打听起了中国的情况。

尼克松告诉李光耀，他已经在考虑美军从越南撤退的话，对南越的影响以及对东南亚邻国，对澳大利亚、新西兰等美国盟友的影响，甚至对整个世界的影响。

李光耀听了感到惊讶，他提出了自己的建议——让南越军队而不是美军担负起更多的战斗任务。尼克松听了这个说法很感兴趣，原定半个小时的会谈持续了一小时又一刻钟。

1970 年 11 月 5 日，李光耀再度会见尼克松，两人又谈起中国的话题。李光耀建议美国向中国打开门窗，因为，毕竟这个时候已有三分之二的联合国成员国支持中国加入联合国，美国不应让人觉得它故意在阻挠中国入联，与整个第三世界做对。李光耀再次向尼克松指出，美国不像苏联，它跟中国并没有共同的边界。尼克松仔细聆听了李光耀的一番见解。

1972 年 2 月，尼克松访华，成了轰动世界的大事。美国负责亚太的助理国务卿格林问李光耀对此有什么看法，李光耀回答，"除了令人感到意外之外，没什么好挑剔的。要是不致引起那么多人感到震惊和意外，所取得的辉煌成果还可以锦上添花。意外的因素使日本人和东南亚人产生疑虑，担心美国人喜欢突然改变政策。"

1974 年 8 月 9 日，尼克松因为著名的政治丑闻"水门事件"辞职，美国不久马上宣布从越南撤军。李光耀从电视上看到，北越军队开进西贡市的时候，一架美军直升机从大使馆屋顶起飞，惊惶失措的南越人死死抓住起落架不放。那一幕，成了让世人难忘的画面。

1975 年，越战正式结束的前几个星期，代理总理职务的吴庆瑞向身在美国的李光耀紧急发来报告，说有一大队载满难民的大小船只向中国南海驶去，有些难民带着武器，其中许多船正在驶向新加坡，估计想在新加坡登陆寻求避难，要李光耀立即决定怎么办。

李光耀告诉吴庆瑞，拒绝让他们上岸，让他们继续上路，到幅员更大，有条件收容他们的国家去。随后，新加坡的军队在上级指示下，采取了大规模的行动封锁沿海区域，给抵达新加坡附近的载着 8000 多名难民的越南小船进行了修理、增添燃油、补充粮食之后，武装护送这些船只进入大海。

5 月 8 日，新任的美国总统福特特意会见了李光耀这个东南亚国家的领袖，再次向他询问对东南亚局势的意见。李光耀回答福特，这个时候最好先保持冷静，静观其变。福特的稳重可靠的个性给李光耀留下了深刻的印象。

美国的总统像走马灯一样地轮换着，但每逢美国和中国的打交道的时候，美国人总不忘问问李光耀的建议。

1981 年 3 月，美国前总统福特到新加坡，告诉李光耀刚刚宣誓就任的里根总统希望尽快同李光耀会面。6 月 19 日中午，李光耀再一次从新加坡出发访问美国，抵达白宫后，新任美国总统里根在办公大楼前的门廊热情地欢迎李光耀。午餐的谈话里，里根希望听听李光耀对台湾问题的看法。

李光耀告诉里根，应该让台湾取得成功，刺激大陆做出改变，这符合美国的利益。

里根听了很感兴趣，他接着问李光耀，"台湾是否真的需要最新一代战机保卫自己？"

李光耀坦诚地回答道，"台湾并未立刻面对大陆的威胁……邓小平如今所要的，是为历经十年文革后意志消沉和物资匮乏的人民提供更多消费品。台湾的战机日后也许需要提升，但眼下却没有这个必要。"

听到这里，里根权衡了一下，让李光耀给时任台湾地区领导人蒋经国带话，希望台湾不要催促他出售高科技武器给台湾，否则，会让他很为难，同时希望蒋经国知道，美国不会放弃对台湾的保护。

几天后李光耀在台湾见到了蒋经国，替里根传达了口信。后来，里根政府宣布出售武器给台湾时，没有包括先进的战机，理由是，台湾"在军事上不需要这类战斗机"。

1982年4月，美国副总统布什在访问中国之前，到新加坡同李光耀见面，李光耀又向他建议，美国人必须让中国相信他们的"一个中国"的政策，这应该成为美国的基本立场。布什回答李光耀，里根总统绝不会开倒车，把中国大陆和台湾看成两个国家，派驻两个大使。

1984年，中国的领导人和美国总统里根实现了互访。接着里根竞选获胜，连任总统。1985年10月初，李光耀在华盛顿再次见到了里根。这时的里根不但经历了4年的任期，还经历了一次刺杀，被子弹穿胸而过，险些丧命。但李光耀见到的里根看起来却还是充满朝气，头发乌黑浓密，声音洪亮。

里根再次向李光耀问起了台湾问题，他要李光耀帮忙说服台湾地区领导人蒋经国，在中国大陆加入亚洲开发银行以后，台湾地区的名义改为"中华台北"，并继续留在亚洲开发银行中。这时蒋经国原本有意退出亚洲开发银行。

后来在台北，李光耀向蒋经国说明里根政府的立场，最终说服蒋经国同意里根提出的方案。1986年1月，中国成为亚洲开发银行的成员，台湾则改称"中华台北"。

1990年，伊拉克入侵科威特之后，美国迅速调动50万大军到波斯湾地区。新加坡同意运载人员和物资的美国飞机和军舰在新加坡过境，并派出一支医疗队伍到沙特，对波斯湾行动表示支持。这时，新加坡的邻居印尼和马来西亚保持中立，由于两国人口中穆斯林占多数，在一定程度上同情萨达姆政权。

1991 年 1 月 21 日，从总理职位上卸任的李光耀在白宫见到了发动伊拉克战争的总统布什。此时，美军的"沙漠风暴"行动即将完美收官。李光耀提醒布什，虽然萨达姆·侯赛因不对，但他在穆斯林中不乏支持者；另一方面，美国不应过于偏袒以色列，无论以色列是对是错。

1991 年 9 月美军撤离菲律宾的基地，这时，新加坡的基地设施成了美军在东南亚仅剩的立锥之地。

李光耀在美国的一些朋友告诉他，美国人的外交政策考虑的其实并不见得是战略性的国家利益，而主要是美国媒体所关注的焦点。这倒让李光耀觉得有几分道理。

美国的工业在上世纪七八十年代被日本和德国超过，但在上世纪 90 年代以意外地活力回升。美国公司在电脑和资讯科技方面领导了世界潮流，把世界的生产力推向前所未有的高峰，在竞争力方面领先欧洲和日本。

李光耀认为，能吸引人才是美国的最大长处，美国的大专院校、智囊团、科研中心和跨国公司，都是培育人才的温床。而且美国有能力吸引中国、印度以及世界各地出类拔萃的优秀人才，在硅谷等新兴高增值领域服务。没有一个欧洲或亚洲国家，能像美国这样不费吹灰之力就吸引和网罗了大批的海外人才。这是美国的一个重要优势。

在李光耀看来，美国的执行人员坚持不懈地加强生产力和竞争力，为的是提高股东的投资价值。这种论功行赏制度的代价，就是导致美国社会的分裂现象比欧洲和日本社会严重得多。

李光耀认为，在欧洲和日本的社会中，没有相当于美国社会的低下层阶级。欧洲企业文化重视的是社会团结与和谐，德国公司甚至委派工会代表进入管理局，但这样做的代价却是资本回报率和股东投资价值偏低。日本人实行的是终身雇佣的制度，非常强调雇主和雇员彼此的忠诚。

在李光耀看来，这类做法势必导致企业中冗员过多，从而失去竞争优势。而这些方面恰恰是美国人成功的另一个关键所在。

惺惺相惜——英国的首相

李光耀作为一个政治家，对英国文化，以及英国的政治运作方式和政治家的风范很为推崇，就任新加坡总理后，他时时关注英国的政坛变化。

而在英国政坛上，撒切尔夫人就是这样一位给李光耀留下深

1989 年 10 月 20 日，新加坡总理李光耀会见
到访的英国首相撒切尔夫人。

刻印象的典型的英国式政治家。

撒切尔夫人的名字为中国人所熟知，正是她在 1982 年来北京与邓小平谈判，主导了中英双方关于香港回归问题的谈判。

在世界政坛上有"铁娘子"之称的撒切尔夫人，是至今为止英国唯一一位女首相，也是自 19 世纪初以来连任时间最长的英国首相。她在任期间，发生了著名的英国与阿根廷之间的"马岛之战"，最后英国获胜，为这个曾经的"日不落帝国"挽住了最后的余辉。

她的政治措施被通称为"撒切尔主义"，在任期间对英国的经济、社会作出了深广的变革。同时，撒切尔夫人强烈地反对苏联式的共产主义，以致于苏联媒体送了她"铁娘子"这个称谓。

撒切尔夫人上任后，致力于改革当时英国的社会福利制度，由于其中的一些举措涉及削减英国人的福利，引来英国工会和工人阶层的强烈反弹，但撒切尔夫人毫不退让。而李光耀抱着欣赏的态度看待撒切尔夫人在英国所推进的这个改革进程。

1980 年英国煤矿工人举行大罢工。李光耀说，"我认为她一定能够苦斗到底，却没料到罢工工人和警察之间的激烈冲突会持续整整一年。换成在她之前的首相，恐怕就无法坚持到底了。"这是李光耀对撒切尔夫人的赞赏。

在李光耀的印象里，撒切尔夫人作为一个政治家，是个十足认真的人，充满毅力和干劲。

1985 年 4 月，撒切尔夫人以首相身份到新加坡进行访问。在晚宴致欢迎辞时，李光耀没有掩饰他对撒切尔夫人的欣赏，他说："国家需要一个胆识过人的首相把实情告诉选民：制造财富的人是社会中的宝贵分子，他们值得我们尊敬，并且应当有权保有他们大部分的耕耘成果……"。这是对撒切尔夫人在英国国内施政措施的肯定。

撒切尔夫人很高兴另一个国家的领导人对她表示赞赏，她也没有掩饰她对新加坡这个前英国殖民地的欣赏，很有风度地以相似的口吻回应："我宁可这么想：你们曾经向英国看齐，现在我们要倒过来向你们学习……你们的才干、进取心、勇于接受挑战、努力、冒险精神、自信、活力已经使得新加坡成为其他国家学习的成功榜样——你们的成功发出明确的信息，那就是没有耕耘就没有收获。"这同样是对李光耀领导下的新加坡的肯定。

李光耀在这次晚宴上的讲话在英国政坛引来了一片嘘声。

"李先生应该闭上他那张笨嘴，"第二天，亲工党的英国报章刊登了工党影子内阁卫生部长弗兰克·多布森的强烈反应。另一名工党议员说："如果我们把他的国家（新加坡）当模范，我们的国家就要回到 1870 年人们在血汗工厂夜以继日工作却什么也得不到的时代。"

这倒在李光耀的意料之中。在李光耀看来，英国工党政治家的这种心态是典型的旧工党思想，是一种跟不上世界潮流发展的心态。1985 年，新加坡的人均国内生产总值是 6500 美元，英国则是 8200 美元。到了 1995 年。新加坡的人均国内生产总值达 2.6 万美元，早就超过英国的 1.97 万美元了。

李光耀说，"我们的工人赚钱比英国工人多，还有自己的房子，储蓄也比英国工人多。"所以，他在理念上支持撒切尔夫人，因为他在新加坡所实施的社会政策，与撒切尔夫人的理念吻合。

撒切尔夫人在 1990 年 11 月辞职时，特意寄了一封感慨万千的道别信给李光耀：

　　"生命多么变幻莫测：谁会料到合作了那么多年以后，我们竟然会在几乎同一天辞去在自己国家的最高领导的职位。不过，在离职之际，我只想说，我从我们的交往中获益良多，并钦佩你所坚持的信念。有一件事是毋庸置疑的：共和联邦政府首长会议少了你我出席，肯定会逊色不少！"

向勤奋的日本员工学习

　　李光耀的一生中，曾有几年在日本人的统治下，度过了一段充满艰困的时光。日本军队的野蛮、残暴，在李光耀的记忆里留下深深的印记。

　　那是一段苦难的时光。日本人用极其残酷的手段维持在当地的统治。李光耀自己也差点亡命在日本人的刀枪之下。但日本人的民族性里的群体协作精神，日本人的纪律、智慧、刻苦勤奋和

1968 年 10 月 15 日，日本昭和天皇（左一）和香淳皇后（右二）会晤到访的新加坡总理李光耀（右一）和妻子柯玉芝（左二）。

为国牺牲的精神，让李光耀觉得他们有值得尊敬和佩服之处。

而这种民族性，在二战结束后，给日本造就了一支生产力很强的工人队伍。在李光耀看来，日本人深知自己的国家资源贫乏，他们因此工作起来比别的民族格外努力。这是李光耀观察日本企业员工之后得出的结论。

80年代，李光耀和一家新加坡的日本公司经理聊天，问他，新加坡员工跟日本员工比较的话，他会怎么评价新加坡员工的。这个日本经理说，"如果日本员工是100分，我给新加坡员工的工作效率打了70分。"他给出了他的原因：日本员工的技术更纯熟，也是多面手，适应力强，跳槽和缺勤的现象少；无论职位高低，谁也不把自己当成白领或蓝领，大家一律是"灰领"员工。无论是技术人员、小组组长或督工，都不会介意干活的时候弄脏手。

在日本访问时，李光耀曾参观了石川岛播磨工业在横滨的造船厂，这家公司是新加坡裕廊造船厂有限公司的合伙公司。公司的副总裁是一位博士，身强体壮，精明能干。他带李光耀在厂房内到处参观。这位副总裁跟其他工人一样，身穿着公司制服，脚穿胶靴，头戴安全帽。在进入船坞之前，也拿了一顶安全帽给李光耀，边走边用英语和李光耀交流，对李光耀提出的问题答无不尽，对公司的每个细节都了如指掌。

不久，李光耀又去英国，在英格兰东北部参观那里的斯旺亨特船坞。那里的负责人约翰·亨特爵士也带着李光耀到船坞的各个管理部门走动。

英国人的船坞和李光耀在日本船坞参观的印象形成了强烈的对比。这位亨特爵士穿一袭裁剪出色的大衣，皮鞋擦得锃亮，他和李光耀一起乘坐劳斯莱斯汽车前去车间参观。经过油腻的车间地面时，两人的鞋子都沾上了油污。但李光耀想起他在横滨的石川岛播磨船坞参观时，他根本没发现过地上有油污。

从车间出来，回到汽车的时候，李光耀犹豫了一下，亨特爵士却满不在乎地在地上蹭了蹭鞋底，就上了车。上车后，他不是到办公室去吃工作餐，而是陪李光耀到戈斯福思酒店，先美美地吃一顿高级饭菜，然后一起到酒店的高尔夫球场打高尔夫。

在李光耀看来，英国执行人员的工作中处处讲究派头，要使自己跟企业里的不同阶级区分开来。

两厢对比，李光耀明显看得出，英国管理层跟日本管理层的不同。日本的管理层总是深入工厂基层，认为自己必须了解最低层的工人，才能有效地领导他们。日本的管理层必须从基层做起，逐步升级。

而英国的管理层则总是坐在铺着地毯的办公室里，从不去看看在车间或船坞工作的工人。这绝对不是好事，李光耀想。

（此处为模糊难辨的正文段落）

参考书目

《风雨独立路——李光耀回忆录》外文出版社 1998 – 09

《经济腾飞路——李光耀回忆录》外文出版社 2001 – 01

《李光耀对话录：新加坡建国之路》现代出版社 2011 – 3

《新加坡治贪为什么能》广东人民出版社　作者：吕元礼 2011 – 05

《李光耀论中国与世界》中信出版社 2013 – 10 – 1

《李光耀回忆录　我一生的挑战新加坡双语之路》译林出版　作者：[美] 汤姆·普雷特 2013 – 11 – 01

《贪污调查局只能在政府希望它有效的时候发挥效用》《21世纪经济报道》　作者：陈大雪 2013 – 03 – 23

《李光耀观天下》新加坡时报出版社 2014 – 4

李光耀纪事年表

1923 年 9 月 16 日，李光耀出生于新加坡甘榜爪哇路 92 号家中。

1936—1939 年，李光耀在莱佛士书院和莱佛士学院求学，取得新加两地第一名的优异成绩。

1942 年 2 月 15 日，新加坡沦陷，日军进入新加坡，开始了严酷的统治。

1942—1945 年，日本统治新加坡时期。

1946—1950 年，李光耀赴英国留学，就读于剑桥大学攻读法律。

1948 年 6 月，马来亚和新加坡的英殖民地政府宣布进入紧急状态，马来亚共产党转入地下。

1950 年 8 月，李光耀完成在剑桥的学业，在伦敦获得执业律师资格，乘船返回新加坡。

1950 年 9 月，李光耀同柯玉芝结婚。

1950—1959 年，李光耀执业当律师，出任多个工会的法律顾问。

1952 年，长子李显龙出世。

1954 年 11 月，人民行动党正式成立，李光耀当选秘书长。

1955 年，女儿李玮玲出世。

1955 年 4 月，在根据林德宪制举行的大选中，李光耀当选进入新加坡立法议院，成为反对党领袖，正式踏上新加坡政坛。

1956 年 5 月，李光耀参加由新加坡首席部长马绍尔率领的各政党宪制代表团到达伦敦，进行争取新加坡自治的谈判。谈判失败后，马绍尔辞职，林有福接任新加坡首席部长。

1956 年 10 月，新加坡劳工阵线政府肃清马来亚共产党，统一战线领袖林清祥、方水双和德万·奈尔等被捕。

1957 年，次子李显扬出世。

1957 年 3 月，李光耀参加由林有福率领的第二个各政党宪制代表团到伦敦谈判，达成新加坡自治协议。

1957 年 8 月 31 日，马来亚联邦独立。

1958 年 5 月，李光耀参加各政党宪制代表团第三次到伦敦谈判双方对成立新加坡自治邦的宪法达成协议。

1959 年 5 月，新加坡人民行动党参加在新宪制下举行的第一次自治邦议会大选，在 51 个议席中赢得 43 席，大获全胜。

1959 年 6 月 4 日，马来亚共产党领袖林清祥、方水双和德万·奈尔获释。

1959 年 6 月 5 日，人民行动党开始在新加坡执政。李光耀宣誓就任新加坡自治邦首任总理，时年 35 岁。

1961 年 8 月，人民行动党分裂，党内的亲共人士在李绍祖医生领导下成立社会主义阵线（社阵）。

1962 年 9 月，新加坡对于是否赞同新加坡与马来西亚合并举行全民公投，获得通过。

1962 年 11 月，李光耀开始下乡访问全国 51 个选区。

1963 年 2 月，新加坡一批共产党人及其支持者在"冷藏行动"中被拘捕。

1963 年 9 月 16 日，新的马来西亚成立，包括马来亚、新加坡、沙捞越和沙巴。印尼对马来西亚展开"对抗"行动。

1963 年 9 月 21 日，新加坡大选，人民行动党再次获胜，并在全部三个以马来人为主的选区里，全部击败了新加坡的马来民族统一机构"巫统"的候选人。

1964 年 3 月，新加坡人民行动党派出九名候选人参加马来西亚大选，只赢得一个议席。新加坡同联邦政府的关系恶化。

1964 年 7 月 21 日，伊斯兰教先知穆罕默德诞辰纪念日，在新马两地发生持续数月的种族暴乱。

1965 年 7 月，马来西亚领导人东古拉赫曼在伦敦提出，新加坡必须退出马来西亚。

1965 年 8 月 9 日，新加坡脱离马来西亚独立。

1968 年，李光耀领导人民行动党参加独立后第一次大选，夺得国会全部 58 个议席，总得票率是 84.43%。李光耀自己以 94.3% 的得票率第五度当选丹戎巴葛区议员，继续担任总理。期间，到温哥华和哈佛大学进修三个月，并考察美国的总统选举，研究美国的社会与政治制度。

1972 年，李光耀领导人民行动党参加大选，夺得全部 65 个议席，总得票率是 69.2%。李光耀以 82.5% 的得票率，第六度当选丹戎巴葛区议员，继续担任总理。

1973 年，李光耀把在国外演讲所得的演讲费悉数捐给教育部，以所得利息设立"总理书籍奖"，每年颁发给双语学习表现特出的学生。

50 岁生日，全国职工总会出版论文集《朝向明天》，向李光耀献礼。

1976 年 5 月 10 日—23 日，李光耀率团首次访华，期间受到毛泽东接见。

1976 年，李光耀领导人民行动党参加大选，夺得国会全部议席，总得票率是 72.4%。本身以 86.9% 的得票率，第七度成为丹戎巴葛区议员，并连任总理。

1980 年 8 月，母亲蔡认娘女士去世。

1980 年 12 月，李光耀领导人民行动党参加大选，赢得国会全部 75 个议席，总得票率是 75.55%。本身以 76.6% 的得票率，第八度当选丹戎巴葛区议员，继续担任总理。

1983 年，李光耀 60 岁生日，全国公私部门和民间团体举行宴会祝寿。

1984 年，李光耀第一次在大选中无对手当选，第九度担任丹戎巴葛区议员，继续担任总理。

1988 年，李光耀在大选中以 79.4% 的得票率，第十度当选丹戎巴葛区议员，第八度出任总理。

1990 年 11 月 28 日，吴作栋接任总理，李光耀继续留在内阁，担任内阁资政。自 1959 年 6 月起，担任新加坡总理长达 31

年又 5 个月。

1990 年 10 月 3 日，新加坡与中国建交，成为最后一个与中国建交的东盟国家。

1991 年，李光耀参加大选，在无对手的情况下连任丹戎巴葛区议员。民间举行"全国人民向李光耀先生致敬"的盛大晚宴，有 4000 人出席。

1992 年 11 月，李光耀辞去人民行动党秘书长职位。除了 1957 年一小段时间，他先后担任这个职位长达 38 年。

1993 年 8 月 28 日，新加坡举行首次民选总统选举，前副总理、全国职工总会秘书长王鼎昌当选，9 月 1 日履任。

1997 年，李光耀连任丹戎巴葛集选区议员，此后一直任新加坡内阁资政。

2000 年 12 月 7 日，首任新加坡总理李光耀获得香港中文大学荣誉博士学位。

2005 年 5 月 17 日，李光耀获得复旦大学授予名誉博士的学位。

2011 年 5 月 14 日，新加坡第一任总理李光耀宣布从内阁退休。

2015 年 3 月 23 日，新加坡建国总理李光耀病逝。